除了野蛮国家，整个世界都被书统治着。

长者是一扇窗

时间的力量

《人物》杂志 著

人民东方出版传媒
People's Oriental Publishing & Media

东方出版社
The Oriental Press

图书在版编目（CIP）数据

　　长者是一扇窗 /《人物》杂志著. -- 北京：东方
出版社，2023.7
　　ISBN 978-7-5207-3339-7

　　Ⅰ.①长 … Ⅱ.①人 … Ⅲ.①人物 - 生平事迹 - 中国
- 现代 Ⅳ.①K820.7

　　中国国家版本馆CIP数据核字(2023)第035436号

长者是一扇窗
（ZHANGZHE SHI YISHAN CHUANG）

作　　者：《人物》杂志

策　　划：姚　恋

责任编辑：王赫男

出　　版：东方出版社

发　　行：人民东方出版传媒有限公司

地　　址：北京市东城区朝阳门内大街 166 号

邮　　编：100010

印　　刷：北京联兴盛业印刷股份有限公司

版　　次：2023 年 7 月第 1 版

印　　次：2023 年 7 月第 1 次印刷

开　　本：660 毫米 × 960 毫米　1/16

印　　张：17.5

字　　数：265 千字

书　　号：ISBN 978-7-5207-3339-7

定　　价：59.80 元

发行电话：(010) 85924663　85924644　85924641

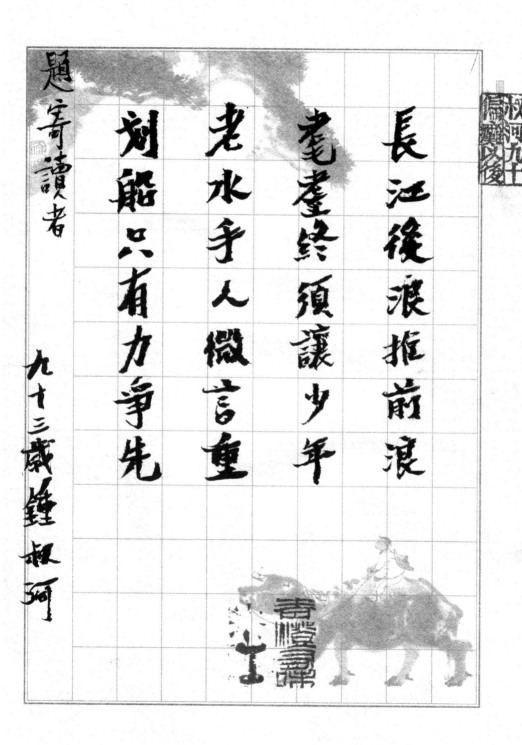

長江後浪推前浪

毫臺終須讓少年

老水手人微言重

刘艄只有力爭先

題寄奇讀者

九十三歲鍾叔河

目录

黄永玉：

人只要笑，就没有输

文\李斐然　编辑\槐杨

你一定会遇到很多困难，到时候你就想，嘿，这么难的事让我碰到了，这多有意思！你看我怎么把它解决了！记住，一定要这样想。

——黄永玉

人只要笑，就没有输。黄永玉的存在，证明了一个不会磨灭的人性真理——人生苦，但人大于苦。

我就揍他

黄永玉是中国最后一个侠客，这句话差一点就成真了。老家院子里有一个打拳的道场，他5岁在这里拜师学功夫，从小逃学，打过老师，打过恶霸，打过警察，上课熟读《江湖奇侠传》。12岁那年，他站在沙包架子底下做了决定——湘西汉子黄永玉，这辈子要当侠客，浪迹天涯。

然而，人生在想当侠客那天下午拐了弯。妈妈突然宣布，家里孩子太多，他得离开这个家，打包行李，明天就走。这是一个母亲无奈的决定，也是一个时代的宿命。家族败落，父母失业，跟随父亲离家，几个月后，抗日战争爆发，后来投奔叔叔，中学打架退了学，他和家人失去联系，开始流浪。

现在的他是一个画家、作家、诗人、雕塑家、偶尔的菜谱创作者和长期的拳击爱好者。他平生最讨厌的一个词叫作"历史必然性"，被他称为"屁咧的历史必然性"。最好的证据就是他自己，以下两份迥然不同的人生履历都属于黄永玉：

黄永玉，湖南凤凰人，中央美术学院教授，中国画院院士，曾任中国美术家协会副主席，三次获得意大利政府官方授勋，其中包括最高等级的大十字骑士勋章。代表作包括木刻作品《春潮》《阿诗玛》、水墨画作品《墨荷》《天问》、毛主席纪念堂巨幅壁画《祖国大地》，还有很多无从归类的作品，共和国第一张生肖邮票猴票、湘泉酒和酒鬼酒瓶的设计、电影《苦恋》的人物原型。

黄永玉，湘西流浪汉，爱好打架、逃学、偷吃爸爸做的鹌鹑脑壳，初中留级5次，因打人退学，烧过瓷器，做过棺材，在小学、中学、大学当过老师，抗战期间在战地服务团画过海报，在香港写过电影剧本，打猎、做烟斗，60多岁在动物园门口制服了三个抢劫的小伙子。80岁时说自己还是想组织一个侠客队伍，劫富济贫，伸张正义，"比打官司解决问题好"。

出生于1924年的黄永玉是另一部中国百年史，教科书里不写的那种。他是中国最擅长打架的画家，中央美术学院唯一一个最高学历小学毕业的教授，中文公开作品中出现"他妈的""混蛋""杂种""小兔崽子"词频最高的艺术家。他说自己没有学历，所以不相信书本上的历史分期，他只认两个历史时期，一个是新时代，一个是旧时代。让人平安快乐的日子叫作新时代，让人挨饿害怕的时候叫做旧时代，"毋论唐汉，毋论纪年"。

黄永玉相信古老的中国道理，相信因果，重视情义，讲究礼尚往来、知恩图报，他靠具体的生活经验活着，任何后天学的理念、主义都没有大于这种质朴的人生法则。他这辈子只在吃牛肉的时候喊过万岁，见最高领袖说的是"祝你健康"。直到今天，他骨子里依然活得像百年前的侠客，按照江湖规矩过日子，待朋友赤诚，见长辈谦卑，和三教九流交朋友，佩服有本事的，敬畏有学问的，搭救落难的，只有一种人他不来往，"害我是不行的"，这是闯江湖的底线问题，"我就揍他"。

再有两个月[1]，黄永玉就要99岁了，该有老人模样了，可他没

---

[1] 本文首发于2022年。——编者注

有。他的画室门口挂了一个拳击沙袋，写作的桌上依次摆着一支钢笔，一叠草稿纸，还有一把匕首。他每天早起画画，中午写作，下午见朋友，晚饭后窝进沙发里，抱着一只小猫，看电视上的拳击比赛。

《人物》在过去一年采访了这位老人，记录了一个人即将到来的99岁。这一年的最大感受是，黄永玉始终是黄永玉，他有一种强大的内在力量，大于时代，大于命运，大于痛苦，大到足以让他扭转结局，把悲剧写成喜剧，把苦变成笑话。黄永玉做梦遇到鬼，从来都是他追着鬼跑，吓得鬼到处躲。他的梦想是有一天把鬼捉住，挠他痒痒，看看鬼会不会笑。这样的黄永玉没有同类，他是一个会画画的齐天大圣，一个偶尔参加组织生活的孙悟空。

认识之初，黄永玉给了我一张他自己印的名片。他听人说名片是身份的象征，头衔越大权力越大，他不服气。他的名片上没有电话，没有单位，没有官职，只有一个他自创的头衔：

黄永玉
享受国家收费厕所免费待遇

（港、澳、台 暂不通用）

其实他本可以有很多真的头衔，但他愿意出名，乐意挣钱，唯独不想当领导。他不会喝酒，讨厌开会，痛恨人打牌和麻将，开大会上台发言，他把"四个现代化"讲成了"三个现代化"。退休之后，晚辈想给他申请一项国家级荣誉身份，他当场回绝，并狠狠训了晚辈。有人想给他搞一个"黄永玉画派"，他把人从国外千里迢迢叫回来，骂其没出息，"狼才需要结党"，而黄永玉认为自己是狮子，狮子干自己的事，一个人也能称王。

和这样的黄永玉聊天是一场绝对自由的愉快旅行。我们听不同版本的贝多芬第六交响曲《田园》，打赌一场拳击比赛里谁会赢，听着Beatles讨论《世说新语》，研究蜘蛛的活法。那段时间他在准备一幅新画，一只小小的黑蜘蛛捕住了一只折翼的蝴蝶，画名《价值的判断》。黄永玉动笔前除了要准备颜料和画纸，还要解答问题：蜘蛛那么小，却可以吃掉蝴蝶、捕住麻雀，战胜远大于自己的对手，它到底是怎么赢的？

画家的答案是时间，"蜘蛛不是靠进攻战胜对手的，打是打不过的，它有耐心，等。造一张密密的网，等待猎物落网，用网束缚它，用毒针刺它，等对手耗尽力气了再去降服。"这个结论让我们都笑了：原来蜘蛛还懂《孙子兵法》呢，知道强敌是不可战胜的，胜的唯一方法是躲起来活着，等敌人自行灭亡。

有时候，我们也讨论恐惧。我告诉他，我最大的恐惧是苦会再来。他让我记住两句话：第一句是，历史不会重现，因为改变往往会以我们想象不到的样子发生；第二句是，一切都会过去，"你要记住，任何苦都会灭亡，只是这件事有个时间问题。我是看不到那一天了，但你可以，你要好好活着，好好吃饭，做好自己的事，活到那一天。这个过程你可能会遇到难处，遇到很多荒谬和可笑……你就把它当作一种观察，人还能这样呢？还能有这样的事呢？你要把它们当成笑话记住，等到将来写出来，讲给人们听，日子过去是这样的呢，多有意思！"

黄永玉不思考"为什么"，人为何作恶，恨从何而来，江湖人不琢磨这些，人心险恶，是非多变，这本就是江湖底色。黄永玉信奉的是一种打架的哲学：不必分析拳头为何挥过来，重点在于应对，见招拆招，把命活下来。在每个难关都想办法笑，把痛苦熬成笑话，这就是他的活法，一种笑的方法论。

小时候放学回家，他围观弟弟打架，局面一度激烈胶着，弟弟挨了不少拳脚。事实上，打架从来都是这样，挨一拳，回一脚，一边受伤，一边求胜。最后弟弟打到满脸伤，终于赢了，把对手死死压在地上，可他不知道为什么，赢了还在抡拳，一边打一边哭。讲到这里，黄永玉出场，故事终于变成了笑话 —— 哥哥拉开难过的弟弟，小声传授给他胜者的规矩："打赢的人不哭。"

这是黄永玉的笑话，或许，也是他的信念。黄永玉是一个真正意义上"笑到最后"的人，他的人生或许是一种提醒：不管你遇到了什么，只要活下去，眼前经历的一切困顿、绝望、无可扭转的败局，都会在活到99岁的时候变成笑话。人只要笑，就没有输。黄永玉的存在证明了一项不会磨灭的人性真理 —— 人生苦，但人大于苦。

来的是谁

见黄永玉只要带着耳朵就行了，他准备了很多热闹等着你。第一次见面那天，他刚刚交上自己连载小说《无愁河的浪荡汉子》的最新一章，从书房扶着助步器走出来。黄永玉忙得很。客厅柜子上压着一幅颜料还没干的新画，桌上的草稿纸有一首还在圈圈改改的新诗，沙发边的书摞成小山，最上面那本中间夹着纸巾做的书签，读了一半。他谈的每句话都有典故，像一堂眼花缭乱的历史课。看到墙上那幅小像了吗？那是周令钊画的二十三岁的黄永玉，现在这幅画叫《小鲜肉》。今晚吃的这种葱是王世襄的做法，还有餐桌旁的那幅屈原的《九歌》，注意看落款：从文时年整八十岁。

黄永玉人生三大爱好依次是读书，打架，侃大山。过去腿脚还能跑的时候，他闲下来最爱骑个小摩托逛潘家园市场，往热闹人堆里扎。他喜欢买东西，可他不会讲价，整天兴高采烈地往家里搬一堆上当受骗的证据：虚高价的花瓶，缺一只眼睛的画眉鸟，名不副实的老字画。来子是他的年轻朋友，到家里看望他，进屋一看都是陌生面孔，坐他家里喝茶、看画、侃大山，每人手里一根他的雪茄。热热闹闹招待了一下午，把人送走了才知道，全是下午在官园买鸟认识的路人。

"你认识他们？"

"不认识。"

"那他们来干吗？"

"好玩！"

后来摔倒受伤，聊天升级为一个老人最大的娱乐。高兴起来有时候说粤语，有时候说凤凰话，他还会说很流利的闽南语和从星期一数到星期天的英语，这都是流浪时学会的语言技能。其他的语种他只会一两个单词，比如日语会说鸡蛋（tamago），因为讲笑话的时候用得上，"他妈的"。

历史在他的讲述里变成一个个具体的笑话。齐白石招待客人的点心是放了多年的月饼，李可染练字把垫在下面的毯子都练出一个坑，毛主席纪念堂一进门的壁画是他画的《祖国大地》，草稿是在废稿纸上画的。当时出了几个方案都不通过，最后找到黄永玉，黄永玉就随手捡了别人的稿纸，在背面画了大河山川，寓意"问苍茫大地，谁主沉浮"。

他喜欢讲述家乡的故事，湘西的水、湖、山，还有表叔沈从文。小时候在老家只见过一面，流浪的时候没有联系，他刻木刻，表叔在一本诗集里看到插画，找到了他。表叔总是不慌不忙，厚厚的眼镜片后面是笑的眼睛。中华人民共和国成立后，表叔写信劝他北上，他带着妻子和七个月大的儿子从香港搬来北京，到中央美术学院当老师。一见面大家都笑了，那是北京的二月份，一对南方长大的年轻父母也对北方毫无概念，没给孩子穿袜子。他们后来笑话自己和北方的格格不入，大概是湘西人的特点。

　　还有一类喜欢讲的故事是在美院的经历。黄永玉一家在大雅宝胡同甲二号住了好长时间，这里是中央美术学院的教工宿舍，那时候，住了一院子画家，包括齐白石的两名弟子李可染和李苦禅，还有画了《开国大典》的油画家董希文。大雅宝的孩子们管黄永玉叫黄叔叔。其他爸爸教孩子写生、素描、调颜色，只有黄叔叔陪孩子们玩，斗蛐蛐，舞狮子，举着小旗子带全院二三十个孩子去动物园。

　　黄大刚是黄苗子的小儿子，小时候跟着父亲去黄永玉家做客，大人们总是聚会，一起看黄永玉画画，一起讨论他当时听不懂的艺术问题，拉奥孔为什么用极致的美表达悲剧，罗丹的《地狱之门》跟现实相比还是肤浅了。不过他记住的是黄永玉和孩子们的聚会，胡同里的男孩子们都围着黄永玉，挨个跟他学招式。黄大刚也被拉着学了两招，理由是马上开学了，会打架才能好好上学。黄永玉到学校开家长会，儿子上学打了架，他见面第一句话是："打赢了没？"

　　那时候聚会的还有汪曾祺，他总是一个人来家里吃饭。家里留着绳子系着的豆腐干，是给汪曾祺下酒吃的。孩子们也都知道，好吃的要等汪伯伯来了才能吃。黄永玉给汪曾祺打电话，叫他到家里吃饭，接电话的人告诉他，汪曾祺现在正被打成右派，黄永玉还是同一句，让他来家里吃饭。但是，汪曾祺的故事只能讲到这里，再往后讲，黄永玉就会摆摆手，"不说了。"

　　晚上九点半，客人们和黄永玉告别。他已经没法站起来送他们了，只能远远招招手。房间里安静下来，小猫定点跳上沙发，窝在他旁边，跟他一起看晚上的拳击比赛。关上电视，他有时候直接睡觉，有时候还要自己再写一会儿文章。书桌前只剩下了一个老人，和翻滚了一下午的回忆。

往事给他一种复杂的感受，里面有很多感情，又有很多情感的淤泥。故事里有很多他想不明白的地方，到现在也懵懵懂懂，比如命运。沈从文刚发现黄永玉的时候，为他写了一篇文章《一个传奇的本事》，里面预言了他在黄永玉身上看到的命运，"由强执、自信、有意的阻隔及永远的天真，共同作成一种无可避免悲剧性的将来"。

沈从文当时写，这是他们共同的命运。黄永玉不理解这份悲观，那时候更容易感受到的是新时代的快乐，他在天安门看游行，哭得眼睛看不见路，街上见到穿制服的警察，都觉得像解放军一样亲切，会上去跟人握手。他将喜悦刻在了自己的作品里，木刻画里的革命者像天使一样，可以飞起来。表叔劝他北上的时候，他也没有察觉到表叔刚刚经历了一场自杀未遂的绝望。每次见到沈从文，他看到的都是一个老人的从容，日子的确辛苦，住在小房子里，吃穿用度都很拮据，但他总是用微笑，用沉默应对一切。1967年的晚上，沈从文依然在听贝多芬。

然而渐渐的，他的生活里也开始加入了新的感受，从喜悦开始，困惑、矛盾、愤怒、恐惧，还有一味藤黄。这是一种用来画花蕊的颜色，也是一味致命的毒剂。最绝望的时候，黄永玉说，不如煮锅牛肉，放了藤黄，吃下去，人生就不再苦了。

女儿走过来，小声地说："爸爸，你别自杀，我没进过孤儿院啊，怎么办？"

黄永玉开始说另一句话："死前面，还有好多路。"

复杂的情绪淤积在一个老人身上，最典型的例子就是《无愁河的浪荡汉子》（以下简称《无愁河》），喜悦、痛苦、悲伤、希望，所有情绪在同一部作品里共存。他喜欢写《无愁河》，一开始写的时候在房间里哈哈大笑，吓得女儿跑去看望他，后来边写边感慨，七八十年前的事情，有的记得很清楚，有的变得完全模糊，最近，写《无愁河》越来越难受，女儿给他测血氧，写到往事的时候，血氧值一直往下掉。后来，黄永玉生病入院，出院后发现，小说没法交稿了。《无愁河》写的是自己的经历，刚刚发表的章节写完了自己流浪的日子，再动笔，黄永玉就要携家带口上北京了。恰恰在这个关口，故事写不下去了。

写不下去的时候，黄永玉就去画画。画是黄永玉的情感表达，所有情绪都泼洒在画纸上。他的画里装着赤诚的喜悦，天真的希望，有时候恨也会突然而来。荷花在初生的太阳下盛开，背后的一池墨色，映衬着荷花红得炽烈。黄永玉喜欢画花，花是最自由的自我表达，想开就开，想败就败，不用服从任何命令。

落笔的时候，淤积在心里的情感同时释放，里面有一个激烈的黄永玉，脾气急，性子刚烈，有江湖匪气，想要打架，要报仇，要动手。但在这样的时候，另一些平静的力量也会出现。最常浮现的是一个回忆，黄永玉在胡同里远远见到了沈从文，两个人像陌生人一样，谁也不打招呼，迎面走过来，只在错身而过的几秒钟里，表叔突然开了口，用并不标准的普通话，平静地留下一句老人的叮嘱："要从容。"

星星在黑暗之中

黄永玉打算在100岁那一年办一场百岁画展，全用新画。为了这件事，他每天早起勤奋地画画。

这样的画展他已经办过两次了，八十画展、九十画展，每一次展览也都是用近10年间的新画。王明明是北京画院前任院长，小时候跟黑蛮、黑妮兄妹俩一起参加绘画比赛，他有时候管黄永玉叫老爷子，有时候叫他黄叔叔，直到王明明也成为画家，今天也到了70岁，才明白黄叔叔画画的独特之处。

"我分析了很多前辈画家，晚年都是画不准的。黄胄60多岁的时候就不能站着画画了，身体不好，都在案子上画，画的透视角度都不对，画的人都偏了。程十发70多岁的时候，连画变形的东西也画不准了。齐白石衰年变法，可真正晚年90多岁的时候也是不灵的，最后的作品他已经糊涂了，但他还在画。"王明明说，"黄老挑战了人生年岁的一个极限，他画那么大的白描，还能够画那么精细，那么准确，他给美术界创造了一个奇迹。现在的画是他的人生境界。"

百岁画展有一幅尚未公开的作品，画了一只孤雁。黄永玉的题款像是一句说给自己听的提问，"雁啊雁，你为什么留下来？"

他最近出了一本诗集，里面是自己一辈子的诗，他给每一首诗配了插画。其中一首叫作《被剥了皮的胜利者》，"这是我的自画像。"

这首诗写的是一个希腊神话故事，主人公是一个爱唱歌的小牧童，大家都喜欢听小牧童唱歌，阿波罗知道了，要和小牧童比赛。小牧童答应了，他忘记了，他的对手是神，阿波罗不能输。小牧童的歌声打动了人心，可是他被判定输了，失败者被剥了皮，但苏醒过来，还在唱着歌。

中国香港导演杨凡第一次看到黄永玉的画，"我的眼睛突然间好像打开了另外一道门"。那是1979年，他从香港第一次到广州看黄永玉的画展。"那个时候'文革'刚刚过去，所有东西都一片灰暗，你看见他的那个彩色，荷花、樱花、所有的花，就等于是百花齐放，所有的颜色都出来了！我就很惊讶，一个中国画家怎么会有那么多的西洋色彩在里面。"

"黄永玉的艺术，完全是按照自己的个性发展。甭管什么时期，反右时期、'文革'时期，他都保留了自己的个性。怎么样的变化都没有把他最根本的东西磨灭掉。你看其他的，有些东西不行，那么我就隐逸了，可是黄永玉属于不信邪的。有些东西不行，我给你改过来，就算我改不过来，你过你的，我过我的，黄永玉始终是黄永玉。"

"黄永玉是一个无法归类的人，哪个画派他都不是，他就是他自己。一直在江湖上闯荡，最后归到美术学院，他也根本没按美术学院那个套路进行创造。什么都没有拴住黄永玉，黄永玉始终是黄永玉。他的艺术成就就像一棵大树似的，树形非常大，有些枝子不见得好看，但是它长成了这样大的树，别人几乎没有过。"王明明说。

黄永玉至今不知道自己有多少作品，他没数过，也不记得。只是每天干活，创作各种各样的作品，他前半生刻木刻，七十年代画水墨，八十年代画线描，九十年代在意大利开始画油画和雕塑，回国后他做过陶瓷，画紫砂壶，与此同时，他还在每年写诗、写散文、写小说。给儿子写信说，自己的半辈子是一刀一刀地铲，"文革"以后，一笔一笔在画，后来，一个字一个字在写。这一辈子就是这样。

也正因此，他有很多被人遗忘的作品。雷锋最知名的肖像是一张木刻版画，它自发表之后作为宣传被广泛转载使用，但很少人知道它的作者就是黄永玉。他最大的作品应该是毛主席纪念堂的壁画《祖国大地》。这幅绒绣壁画宽24米，高7米，但进入这里的观众很少会专门注意壁画，更难像欣赏作品一样品读创作用心。

在黄永玉家里还有另一个小牧童，和另一种被遗忘的作品。张梅溪曾经是儿童文学作家，但几十年间，她没法写作，承担起很多具体的生活。他们的小房间没有水龙头，她每天拎着桶出去打水、做饭、洗衣服，把针管煮在锅里消毒，定点去给沈从文打针。她喜欢唱歌，喜欢花，喜欢漂漂亮亮的东西。张梅溪最喜欢下雨天，黄黑妮记得，每个雨天都像个节日，这个南方来的妈妈带着孩子上街，去稻香村买二两排叉，一起吃甜甜的点心，一起踩水，一起庆祝一个下雨天。

女儿黄黑妮说，那时候总感觉父母好像跟这个世界脱节。他们明明知道外面的混乱，全家还是要一起穿得漂漂亮亮地上街。他们好像也不懂得忧愁，周末晚上给孩子们一块糖，两个人手牵手去大会堂跳舞，他们像年轻人谈恋爱那样，每个星期都要约会，一起看电影。自她有记忆的时候，家里一直有花，妈妈总是在家里唱歌，外面的日子很动荡，但只要回到家，就觉得每一天不管怎么样都是很好的。

难过在这个家里只存活很短暂的时间。沈从文去看望黄永玉，土渣从天花板上掉下来，墙壁上也是脱落的砖石，房间没有窗户，白天也昏暗无光，黄永玉就在墙上画了一个窗户，画里的窗外是盛开的鲜花。张梅溪从外面拎水回家，北京的冬天太冷了，拎回来时水已经冻成冰，根本没法用，她却依然开心，点一支蜡烛，把冰反扣过来，一家人兴奋地围着它笑，"看，冰灯！"

漫长的几十年间，这对年轻父母都没有代表作，但他们在共同创作一个作品。黄黑蛮今年70岁了，他记住的童年时代是那时候的书、音乐和电影，"你读过《孤筏横渡太平洋》（注：现译名《孤筏重洋》）吗？就是那时候刚译出来，特好看，你一定要看！还有

《人·岁月·生活》，爱伦堡的，写得太好了，我们都爱看。那时候 Beatles 出的专辑，我找来给我爸听，特别好……"后来女儿从香港给家里带回当时世界上最流行的那些歌，黄永玉把磁带藏在家里。把门锁好，关上窗户，一家人竖着耳朵听。他们最喜欢的一首歌叫作《忧愁河上的桥》（ Bridge over troubled water ）。

这个作品也留在了学生身上。画家广军是黄永玉在美院的学生，直到今天，他都记得黄永玉教给他的一句话。那是 1963 年，毕业创作到林区"体验生活"之前，黄永玉告诉他："你一定会遇到很多困难，到时候你就想，嘿，这么难的事让我碰到了，这多有意思！你看我怎么把它解决了！记住，一定要这样想。"

黄黑蛮推荐的那些书讲了许多不同时间、不同国家、不同背景的故事，但它们的内核却是共同的主题——世界简单至极，星星在黑暗之中。

这是与表叔沈从文一致的脉络。发现黄永玉的时候，沈从文在文章里对黄永玉的命运有一个悲剧的预言，他的个性在一个时代将被视为个性鲜明，在另一个时代就会格格不入。不过，他也写下了应对方法：

"不妨勇敢地活下去，不必求熟习世故哲学，不必八面玲珑来取得成功，毫无顾忌地接受挫折，不用作得失考虑，也不必作无效果的自救。"

这是沈从文 50 岁的时候留下的经验，黄永玉后来的写作、木刻、绘画、雕塑，一切的人生抉择都践行着这个统一的规则。小说讲究起承转合，他的文章如流水，从不写大纲，想到哪儿写到哪儿，几百万字里连一个"但是"都没用过；国画讲究用墨，他直接拿丝瓜瓤刷颜色，最亮的白色不是调色调出来的，用的是修正液。"文革"时候，造反派问他怎么把浪花画出动态，他的答案是拿一块抹布，蘸上颜色后卷起来一抹就行。写作技巧、笔墨讲究，他并不是不知道规矩的存在，但是他不在乎，黄永玉的作品里，每一根线条都叫黄永玉，横七竖八地肆意活着，它们是一种新的规矩：我管它呢！

1982年，黄永玉和沈从文一起回家乡凤凰。沈从文住在舅舅的老屋，对着山喝豆浆。两个人在吉首大学作讲座。沈从文先上台讲，他说自己毫无成就，算不得什么作家，也算不得什么考古学家，是一个"假的知识分子"，最大的天赋是"穿单衣过冬不怕冷"，什么坚强也说不上的。"我有一个习惯，我向前走了，我就不回头"。第二个讲话的是黄永玉，黄永玉摆摆手，"手艺人，不会讲"。

这一年，沈从文80岁，黄永玉58岁。下着雨的春天，黄永玉找来朋友一起听湘剧高腔《白兔记》，主角李三娘出场，唢呐一响，院子里的几个老人都哭了，因为唱的是，"不信芳春厌老人。"

这是沈从文最后一次返乡，5年后，沈从文去世。在人生的最后，他修改了自己的预言。在《一个传奇的本事》修订版里，他将自己的失败归结为"一切不出所料"，而关于黄永玉的悲剧预言是"一切近于过虑"。临终病榻前，黄永玉听他跟后辈讲道理，只要做好自己的事，"别的，时间和历史会把它打发走的……"

钱，热闹，江湖

评论黄永玉的画常见的关键词有：好玩、新奇、大胆、鲜艳，不过艺术最受欢迎的成就或许是——有钱。

黄永玉并不讨厌穷，流浪时穷得叮当响，他也过得很快乐。但他同样喜欢挣钱，他的很多快乐也需要钱来实现，他喜欢请朋友吃饭，喜欢给张梅溪买新衣服，很多新鲜玩意他也想要，五十年代就有唱机，七十年代末能穿牛仔裤，他的工作室还有数不尽的新书和唱片，这些快乐都需要钱。这个问题年轻时好办，他有使不完的力气，工资花光了，他就熬夜加班刻木刻，挣稿费继续花。后来回到多年前生活的香港，黄永玉从早到晚闷在工作室干活，不再有力气刻木头了，那就画画。香港喜欢色彩鲜艳的画，那就画得五彩缤纷。香港人喜欢买大画，越大越值钱，那就画大画，越画越大。

荣宝斋艺术总监雷振芳在香港见到了90年代的黄永玉，一个将近70岁的勤奋新画家。这时期他画了很多作品，最著名的作品是《山鬼》，迥异于此前的作品，用色大胆，画幅巨大。它们给人的冲击感很强，产生了一种对国画的颠覆性认识：画还可以这样画吗？

更多大胆的作品署名黄永玉出现了。家里的小猴死了，他把小猴画在了共和国第一张生肖邮票上，最初面值8分钱，后来成为邮票史上价格最高的作品，一度实现"一枚猴票一辆车，一版猴票一套房"。家乡的酒厂找他出主意，他拿猴票挣来的稿费给他们出了酒瓶的设计方案，后来最出名的一款酒就是红极一时的"酒鬼酒"。

金钱、声名、艺术、人情，在黄永玉身上是混沌的边界。这位艺术家勤奋地画画，但他也真诚地喜欢钱，喜欢大宝石，喜欢最新的跑车。成为他的朋友其中一项标志是，他会热情地拉着你去书房参观他的宝贝。拉开抽屉，里面是一枚红宝石戒指、一个手表，还有一沓写着"黄永玉 收"的信封，那是每一次作品发表后寄来的稿费，全是现金。但他的快乐仅限于展示，关上抽屉，黄永玉还是黄永玉，穿70年前买的风衣，用小木匠给他做的木刻刀，喜欢吃女儿做的腌黄瓜。

这份混沌的顶峰是万荷堂。这是从诞生就充满了江湖色彩的名利场。1995年，黄永玉再次回到北京。在此之前，他用画画挣的钱，天涯海角买房子，老家的、中国香港的、意大利的。这次他不想买了，他要自己盖房子。

于是，黄永玉以黄永玉的方式创造了一个建筑。他告诉我，万荷堂是他自己设计的，最初的蓝图也是他自己画的。我找到了这份蓝图，是一个画在卷尺包装盒背后的涂鸦。负责盖房子的柳运宠至今记得接到任务时的痛苦，"就巴掌大的纸盒"，黄永玉的要求不容置疑，"就盖这个房子"。

最终落成的万荷堂占地8亩，里面有一个12米宽的大画室，3亩的荷塘种满了各式各样的荷花，院子一角装下过一整个戏班子演出，另一角可以同时招待500人聚会，厨房的烤炉烤过全羊，烤过鹿，旁边的停车场依次停着不同款式的跑车，他的另一个交通工具停在画室门口，是一架德国运回来的马车，黄永玉偶尔会赶着马坐马车转转。

万荷堂有以下特征：自由、烧钱、三教九流。其中自由是最要紧的，艺术家在这栋建筑里追求无拘无束，荷塘里的花不允许修剪，野草不准拔，院子里的狗也不拴绳，想怎么跑就怎么跑。荷塘院子里的房子不允许使用一根钉子，一切都要按最自然的方式来，树长成什么样，盖房子时就用什么样。唯一抗议这种自由的是施工队。工头一次次跟黄永玉吵架，他们用经验跟他讲道理，盖房子不能追求纯天然，砍下来的树没有标准尺寸的，一头大一头小，拿它们当大梁，房子会塌。

黄永玉在万荷堂有自己的规矩。他养了一院子的狗，其中有两只，一只叫科学，一只叫民主。在这里，卖画不讲价，讲价放狗。

"他有他霸气的一面，一般画家不好意思谈钱，但他就是大方地告诉你，你不能少给了他。"王明明说，"他接触的人多了，这是他在用自己的方式告诉别人，我不缺钱，我那边开一个劳斯莱斯，你就不能把钱拿少了去买我的画，明白吗？对着这些世俗的人，他只能是这样。他知道怎么对付不同的人，对很多老朋友，他绝对是真情的，作品里也没有任何金钱。这是他的智慧。"

这里见证了北京城21世纪初最鼎盛的热闹。黄永玉喜欢聚会，万荷堂进进出出不同身份的人，画家、官员、商人、学者、厨师、服务员、戏班子、舞狮队、弦乐队……王明明是一个见过大场面的人，黄永玉送给他的字是"举重若轻"。采访全程，他只在回忆万荷堂盛况的时候扛不住了："在万荷堂上百人来了，一坐一下午，我去我真闹心。"

"像咱们觉得这么多人，心里头一两天都乱糟糟的，可他高兴。黄老做人，能放能收。他高兴完了，热闹完了，第二天早上还是做自己的事儿，什么都没耽误，马上沉下来，第二天还是照样写，照样画，我觉得这是他最伟大的地方。大家看他光鲜，但没看他用功，艺术上没有过那一关，再聪明的人也不可能到达那个境界。他刻骨铭心地记住，但又没变成负担。"王明明说。

许多作品都是在热闹之后的第二天画出来的。他的画室有一架升降机，巨幅画布钉在墙上，他常常从早到晚对着一面墙画画。他喜欢上了画大画，画室最高容得下5米的画布，他就有了越来越多5米高的作品，5米高的荷花，5米高的荷塘，5米高的《春江花月夜》。

万荷堂里的黄永玉是一个艺术家最复杂的时刻——十分艺术，十分江湖，十分黄永玉。他只请过"文革"期间给他送花的花匠给画展剪彩，从此以后画展没有剪彩仪式，八十画展请柬上还标注着"恳辞花篮"。作家北岛办杂志筹不到钱，在黄永玉家做客的时候谈了自己如何碰壁，黄永玉转身去房间拿了一幅刚画好的画给他，让他拿去卖钱。这样的他也受过骗，给家乡捐赠，给酒厂做设计，捐钱修建学校，钱没了，事没办好。他生气，画画，骂人，然后忘了，继续上当受骗。

万荷堂最热闹的地方曾经是门口的亭子，取名"侃亭"，父老乡亲都能来这里跟他闲聊，海阔天空，侃侃而谈。这种人际乌托邦只短暂存在于没人认出他的那段时间，后来知道了住这儿的老头儿是黄永玉，万荷堂就开始隔三岔五遭小偷，偷他的画，偷他的摆设，最后偷走了他给侃亭题名的匾。后来黄永玉发了狠，把"侃亭"两个字刻在大石头上。他很得意地告诉我，再也没有人能偷走他的字了。在万荷堂门口，我见到了没了匾的侃亭，的确没人能偷走他的作品了，只是在黄永玉的刻字旁边，多了一堆陌生人的署名——"×××到此一游"。

他也知道，自己的画不再只是一种艺术表达。现在见了老朋友，想念至极，想送他画，有时候刚答应了送一幅，颜色还没调好，站旁边等着画的老朋友就开口了，"哎呀，我家是两个孩子。"

80岁那年，他改写了孔子的话，"三十而立，四十而不惑，五十而知天命，六十而耳顺，七十随心所欲不逾矩，八十脸皮太厚刀枪不入。"到了90岁，三米的长卷上是他的感慨："世界长大了，我他妈也老了。"

两个老头儿

黄永玉在新年画了一幅画，画好了撕，撕了再画，来来回回五次了。他请了很多人看，每次得到的都是赞美，只有他不同意，颜色不好，比例不好，细节不好。他找不到艺术上势均力敌的朋友给他提意见，画纸前只剩下老人自己做判断，一个人在画前摇头，不好，还不够好。

以前，他的第一个读者通常是张梅溪，夜里刻完木刻，两个人泡咖啡，边吃点心边看作品。接下来，他会邀请朋友们来家里看画，给他出主意，老朋友故去，这个名单越来越短。

名单上曾经还有汪曾祺，刻《海边的故事》的时候，汪曾祺看了不满意，黄永玉把里面的翘脚小男孩来来回回改了五遍。但他很早就从名单上消失了。

1997年，汪曾祺去世。那时候，黄永玉旅居意大利，女儿跑上楼，"汪伯伯去世了！"他没哭，也没说话。后来出书，写了他所有的老朋友，唯独没有汪曾祺。作家李辉问他为什么，"他在我心里的分量太重，很难下笔。"

他只认识前半生的汪曾祺，对这个朋友知根知底，见过他的父亲，一起熬过艰难的日子。这曾经是他最熟悉的名字，找曾祺看画，找曾祺吃饭，找曾祺聊天，找曾祺看他的文章。后来，这友谊渐渐变成了"听说"，听说他上了天安门城楼，听说他现在是干部了，从文表叔怕汪曾祺找不到工作，还给巴金写了信，后来才知道，那时候他已经决心投身革命事业了。

在这段过命的友谊里，汪曾祺是逐渐消失的。黄永玉被划为黑画家，朋友大半夜偷偷来看望，花匠也给他送花，让他放宽心，唯独没有见到汪曾祺。黄永玉挨了打，也没有见到汪曾祺。到最后，这个名字成为一个老人最孤独的记忆，一个无从询问的困惑：为什么在自己最黑暗的日子里，最好的朋友消失了？

他们是彼此最早的知音，汪曾祺写信给沈从文，他发现了一个小天才，"我以身家担保"，请老师帮忙找人推荐黄永玉的木刻。黄永玉想要回家乡，汪曾祺拦住了他，鼓励他留下来，"在狗一样的生活上做出神仙一样的事"。受委屈的时候，汪曾祺把沈从文对他的教诲送给了黄永玉："做自己的事情。你有一支笔，怕什么！"

他们的晚年毫无交集，汪曾祺写给朋友的信时常提到黄永玉，"听吴祖光说""听王世襄说""听人说"。黄永玉的信写的是，"实在是想念他""你想念他，他不想念你，也是枉然"。

汪朗是汪曾祺的儿子，他从小知道一个黄叔叔，小时候给他画过画，被父亲一直挂在房间里，但他直到前几年才第一次见到了黄永玉。几乎所有人都说黄永玉热闹，只有汪朗说他"寂寞"，"老头儿现在挺闷得慌，没朋友了，能跟他说到一块儿去的人没了，没人跟他真的聊天。"

热闹里的黄永玉很像他的父亲。晚年的汪曾祺很受欢迎，社会活动很多，今天参加笔会，明天出去采风，还有无休无止的应酬、答谢、吃喝饭局。"老了，喜欢有人捧着，但他也知道自己几斤几两。"热闹，但骨子里真的孤独。

他把父亲也称为"老头儿"，"老头儿一直心里都有黄永玉，"汪朗说，"只不过就是……各种原因吧，没能够像过去那么亲密，这个（疏远）他也觉得挺遗憾的。""他对黄永玉的东西一直是在关注的，而且一直是肯定"，"但是这个事儿，他又不能去跟黄永玉解释。"

黑画事件之后，汪曾祺非常着急，想要去看黄永玉，但他的妻子不同意。她是一个小心的人，害怕出事，不允许汪曾祺和这样的人来往。这并不是汪曾祺唯一一次软弱。儿子下乡回来，接济了受迫害的朋友，这对父母的第一反应也是怕出事。汪曾祺后来写道，是儿子教他理解了什么是义气。他也试图弥补过，80年代，他登门找过黄永玉，拜访那天张梅溪关着门，不愿意出来见他。后来的汪曾祺用沉默回应这段关系，命运的十字路口上，低了头的是自己，往回退缩的是自己，失去这份友谊是他自领的惩罚。

再去见黄永玉，我看到了另一个老人的负气。他能背诵汪曾祺写过的文章，包括没有发表的作品，但他讨厌汪曾祺的晚年作品，"他是一个写小说、写散文的人，老写吃吃喝喝，炒菜做饭，好多能力他都没有发挥出来！"他说起来就生气，"曾祺后来写的，我都不再看了！"声音提高了，开始发脾气，"我的文章，曾祺也没看过！"说完他犹豫了一下，想了想说，"后来的文章，（他）应该没看，没有系统看过。"又沉默了一会儿，他问我，"曾祺看过吗？"

但汪曾祺看过。这是汪朗记得很清楚的细节，在父亲的书柜里，放着一本翻旧了的《沿着塞纳河到翡冷翠》。那是黄永玉旅居意大利出的第一本散文游记。

荒唐的日子过去了，剩下了两个老人的各自孤独。黄永玉不知道的是，他再次回国后的几乎每一场画展，汪曾祺都去看了。作为一个普通观众，默默买票进去，参观老朋友的新作。看完满腹感慨，无人分享，只能回家一股脑儿倒给儿子，教儿子欣赏黄永玉的荷花，看懂老朋友的用笔，"一笔到底，足见功力"。他专门去纪念堂看了《祖国大地》，一眼看出画的用心，"这种场合不好画，这么画完全压得住这种场面，大气！"给朋友写信也忍不住夸了《祖国大地》，"此公近年可谓哀乐过人矣。"汪曾祺的书房里，一直挂着黄永玉刻给他的木刻《高尔基》。

黄永玉听到这件事后，不再说话。房间里只有水池里的流水声。几天后再次拜访，一见面他就要我看新画，那是一幅淡墨荷花，题名《一梦到洞庭》。他指着上面的荷花，"曾祺看了会开心的。"

这是一朵墨色的荷花，也是汪曾祺经常画的一类主题。他的很多作品都是墨色的，因为他只有一盒彩色颜料。"他不会用水墨浓淡，这张要是给曾祺看看，他就开窍了。他的画不开窍，他画画要是我在，讲两句给他听，他会解放，这是真的。"黄永玉说，"要是他掌握了这个，他就开心了。"

这幅淡墨荷花大概是写给汪曾祺的回信。1954年，刚到北京的黄永玉拜访了齐白石，刻了一幅流传至今的齐白石木刻。这幅木刻起稿很难，黄永玉当时30岁，既没有刻过这样的人物，也不知道怎么理解齐白石。汪曾祺为他专门写了一篇文章《一窝蜂》，这篇文章从未发表，读者只有黄永玉一个人，好朋友用文字教他理解画家。

汪曾祺纪念馆建成，书迷们提议请黄永玉为汪曾祺纪念馆题字，黄永玉答应了，把汪家后代叫到家里拿字。和50多年前一样，黄永玉提前三天准备的菜，坐下来的第一句话是，"哪一个是小老虎？"汪朗笑着回答第一次见到的黄叔叔，"现在已经是老老虎啦！"

见到了黄永玉，汪朗觉得，父亲的人生有了很多答案。汪曾祺只抽卷烟，但他却有一个当成宝贝收起来的烟斗，现在终于知道，那是黄永玉送给他的礼物。他们去看了黄永玉的木刻展，找那幅因为汪曾祺改了五遍的木刻。他们从《无愁河》里摘出汪曾祺的段落做了剪报，那是他们所不知道的父亲的过去。

这是一段近似乡愁的友谊。而对黄永玉来说，很多名字都在时间里变得复杂。上海有老艺术家去世，电视台请黄永玉出来说几句话。草稿纸上留下了一个老人复杂的修改痕迹："××是我在中央美术学院时的朋友"，划掉"朋友"，改成"同事"，再划掉，改成"同行"。最后落在纸上的正式回复只有短短几句，大意是相识甚浅，无从谈起。

很多名字都还能再回来，一种常用的理由是："都过去了。"一切的确都过去了，如今所有人都是老人了。万荷堂搞聚会时，女儿拿着学生名单，一个一个跟黄永玉商量，这个人动过手，那个人砸过家里的东西，可是名单没法这么算，最后黄永玉说，让他们来吧，他们过去是打过我，但是这些人不算坏。

晚年的丁聪话越来越少，总是笑眯眯地坐在人群里，望着身边的朋友，一坐一下午。大家七嘴八舌地笑话他，"你怎么不说话了？怎么这么安静？"坐在一辈子的朋友旁边，丁聪老了，眯着眼睛不回答，直到最后才慢悠悠地解释了自己的沉默，"这就是人生哪。"

人生如此之长，黄永玉和汪曾祺最终却没有机会，坐在一起享受这份沉默。

不要扶，不要服

2021年的万荷堂空空荡荡，院子里住着年迈的"科学"，"民主"已经去世了。画室锁着门，里面的升降机前没有了大画布，门口的拳击沙袋外层晒脱了皮，悬挂沙袋的金属链生出厚厚的锈。荷塘里的荷花全败了，柳运宠偶尔跟新来的客人们讲解这里曾经的热闹，数得上名字的名贵荷花最初都种在这里，大明湖的荷花、颐和园的荷花、洞庭湖的荷花，但最后是无名无姓的野生荷花活了下来。

黄永玉依然坐在古雨厅的大桌子前，现在他需要放一台吸氧机在身旁。

万荷堂的热闹是一点一点消失的。2002年，张梅溪搬回香港，和儿子一家生活，后来的日子，有时住在山上的家里，有时住在医院。缺席聚会的朋友也越来越多，理由是老了，病了，去世了。2009年，丁聪去世。年底，王世襄去世。次年，华君武去世。黄苗子出院找黄永玉吃饭，两个人对着安静下来的万荷堂，黄永玉告诉老朋友，"现在就剩咱俩了。"那是他们最后一次在万荷堂吃饭。2012年，黄苗子去世。

整个万荷堂只剩下了一个老人。生活开始变得不方便，院子里的石板路推不动轮椅，画室门口的门槛也成了障碍。女儿找了新房子，90岁以后，他们搬到新住处生活。

布置新家的时候，女儿决定安装能上下楼梯的轮椅，他的第一反应是用不着。受伤住院后，女儿请人夜间看护，他生气了，抗议这个决定。他走路走不稳，旁人伸手扶他，他会瞪眼睛，一边颤颤巍巍地走，一边大声反抗，"不要扶！不要扶！"

新家依然要办聚会，每天下午三点半，客人坐在他对面，听他讲笑话。他喜欢讲述一种帅气的衰老，最常讲的例子是他的弟弟。故事是这样讲的：他回凤凰老家，弟弟带他吃饭，两个人在路边等出租车，一个年轻人骑摩托车冲出来，冒冒失失地撞倒了弟弟。请注意，弟弟当时80岁了，被摩托车撞飞，弹出去一人多高，摔倒了，人没事，自己爬起来，恶狠狠地走过去，左一拳右一拳，把年轻人痛打一顿，教训他以后小心看路。打完解了气，一毛钱也没要，放年轻人走了，两兄弟继续打出租车。上车后连司机都佩服弟弟，80岁了还这么潇洒，司机一路跟哥俩打听，你们真的80了？今天不收你们的钱，我要回去跟我哥们说，80的人是怎么教训小年轻的。

这个笑话讲过很多次，赢得了很多笑声。柳运宠见证了这场交通意外，故事大致属实，只有部分细节问题：老人摔倒后并不是自己爬起来的，很多人搀扶着才站了起来，他也的确挥了拳，可每一拳都挥空了，毕竟，他已经80岁了。一个热血的老人确实存在，但他的衰老并不帅气。

真实的衰老是一种越来越具体的悲哀。老朋友住上海，临终之际给黄永玉打电话，想再见他最后一面，他在北京的电话一端急了，"你千万不要死，要死也等我来了再死。"他坐飞机赶到了上海，老朋友却已在火葬场了，人生只剩一场告别仪式。黄永玉没去参加仪式，一个人跑去停尸房，见了他最后一面。

显然，黄永玉不喜欢这种结局的衰老故事。衰老不应该是这个样子的，他和朋友讨论过的，在老朋友都还活着的时候，死亡就是一个他们具体讨论过的话题，大家还专门为此聚会，畅谈死了以后怎么办。丁聪、黄苗子、华君武，都发了言。他们有的说拿骨灰种花，有的说拿骨灰撒回大海，还有人提议骨灰直接冲到马桶里，一了百了。张梅溪不同意，嫌弃骨灰会堵住下水道。黄永玉说，那就包成饺子。

他见识过朋友的衰老，有骨气的老，从容的老，就像黄苗子那样的老。当时他病了，黄永玉去医院探望，躺在医院里好几年，可黄苗子还总是笑眯眯的，在病房里面写字，看书，和朋友对诗，做完透析找人吃溜肥肠，在病床前吃涮羊肉庆祝生日。黄永玉一直欣赏黄苗子身上的从容，性格从容，宠辱不惊，自得其乐，"连害病都害得那么从容"。

人生最后的日子，黄大刚怕黄苗子受不了闲话，拔了家里的网线，不让他看到外面的诽谤。直到父亲去世后才知道，老人早早找了人接上了网线，所有的说法，他全看到了。但他此后的每一天依然过得坦荡，睡得好，吃得下，该怎么过怎么过。他指着儿子住的方向，告诉当时身边的人，"他们太小看我了。"

有一次病危抢救回来，黄苗子醒过来的第一句话是，拿笔来，要写字。黄大刚只好在护士休息室拼了两张桌子，铺上宣纸，研了墨。他发现，父亲站不住，但拿笔的手始终不抖，"根本不像一个病人写的，很霸气"，写于朝阳医院病房里的字是他这辈子最苍劲有力的作品——"万紫千红"。

这才是黄永玉能接受的衰老。小牧童老了，病了，被痛苦剥了皮，但他还要唱歌，在地狱里也要唱歌。

这一次，轮到黄永玉老了。医生跟他谈话，他一句话也没听进去。胆坏掉了，肺坏掉了，血管坏掉了，心脏上有个小盖盖也坏掉了。他喘不上来气，医生让他住院，他带着书、颜料、画笔、画纸住了进来。住了几天他就生气了，医院里怎么有这么多不准——不准熬夜，不准劳累，不准吃辣椒，到处都是不准。

他的身体变得不像黄永玉了。摔倒了要住院，感冒了要住院，只是多吃了一顿涮牛肚，痛风就犯了，还是要住院。他不喜欢医院，医生讲话不公平，只对年轻的病人说"完全康复"，老人生病只能听到"这样就挺好"，仿佛痊愈是一种仅属于年轻人的特权，一个老人总是得到另一种人生真相——办不到，再也办不到了。

回到家里，黄永玉生气了。他不喜欢衰老，一点也不喜欢。这辈子还有很多事情要做，要当侠客，要刻木刻，要画画，要写《无愁河》，好不容易把苦日子熬过去了，怎么就老了呢？老天爷办事真不公平。

黄永玉老了，这事他不同意。他开始用黄永玉的方式反对自己的衰老。摔倒伤了骨头，住院动手术，往骨头里钉了钉子。医生安慰他，人老了，不能走路很正常，做这种手术之后要是还想走路，三天之内就得下地练习，这是年轻人才做得到的事，下地练习那么疼，老人不必勉强。然而，三天之后，黄永玉站起来了，老不老他不管，他要重新走路。

家里的餐桌前挂着一副对联，他在题跋里写道，"人老不怕，就怕颓废和意志消沉。看我们今天多带劲！所以今天我写这副不对仗的对联来长长我们老头老太太的志气，什么七十不留宿，八十不留饭的混蛋话！"

这副对联写的是：

人说八十不留饭

大伙噢给他们看

上面密密麻麻的是平均年龄80岁的老朋友签名，都是北京人艺来万荷堂吃饭的老艺术家，包括时年88岁的郑榕、85岁的蓝天野（已故）、82岁的朱旭（已故）、77岁的张曼玲、72岁的吕中和徐秀林，还有从美国回来的卢燕，当时也已85岁。

他近乎赌气地想要证明，衰老偏偏可以很帅气。一个老人也可以像年轻时一样活着，还有爱情，还有友谊，还有作品，还有希望。

于是，黄永玉成为了北京城最年轻的老头儿。他喜欢坐敞篷跑车出门。住院醒来的半夜里，他坚持要喝一瓶雪碧。他还要给张梅溪打电话，耳朵听不到了，他们就写信。两个90多岁的老人照样要谈恋爱。他们在同一个笔记本上写下给对方的话，笔记本的边角上是卡通画，一只小狗和一只小猫笑眯眯地手拉着手。女儿在香港北京两地飞，负责给两个老人传递情书。

晚年的张梅溪忘记了很多事，黄永玉就把他们的故事写进了自己的小说里。女儿在病床前给她读《无愁河》，写到他们的19岁，写到了最初的相识，一到这种时候，张梅溪会醒过来，想起同一时期的细节。她已经没办法握住笔，本子上的字歪歪扭扭，不同段落常常重叠在一起：

我最亲爱的好爸：

我很挂念你……我十分想念你，你来这里住，好吗？……你的画，很好，我一看就知是我爸爸，爸爸你一定好好中意我哋！我们都十分中意你，挂念你！你来！！我天天炒菜给你。

今日下雨，我中意下大雨，好好玩啊！

亲亲你好爸爸。

你的大头女，

梅溪

然而，衰老是一条越走越窄的路，前路少有坦途，多得是无能为力。2019年，香港机场交通阻断，黄永玉困在北京。他只能这样回信给他的爱人——

梅梅妈妈：

你说这个世界好不好笑？香港今天变得这么混乱，我原本想回来看看你，都办不到了，只好等香港早一天平安，好让这两个九十岁的人见见面。

我自从摔了那一跤之后，人完全和以前不一样了，生龙活虎的人，走路都慢慢一拐一拐地了。有什么办法呢？

不过脑子和手依然灵活。要不然文章和画画都弄不成了。
感谢上天。

我仍然祈求老天让香港早早恢复正常秩序，以便我能早日
回香港看你。

吻你！

老爸，北京

这封信没有回信。两个月后，新冠疫情在全球暴发，再等两个
月，香港政府实施了入境限制，又过了两个月，黄永玉接到了一则
来自香港的消息。北京的家里很安静，旧烟斗整齐地摆在柜子上，
小猫窝在沙发上晒太阳，房间里摆满了花，正如女主人喜欢的那样。
一个人的时候，黄永玉用正楷工工整整写了一张纸条，这是他写的
最后一封关于张梅溪的信：

梅溪于今晨六时三十三分逝世于香港港怡医院，享年
九十八岁。多年的交情，因眼前的出行限制，请原谅我们用这
种方式告诉您。

身边的人们看得出他伤心，但没有人见到他哭。他请人把张梅
溪15岁的照片装在镜框里，放在每天看得到的地方。剩下的时间，
他的日子还是一样，早上画画，中午写字，晚上抱着小猫，一个

人看电视。

和他聊天的节奏越来越慢，故事讲到一半常常会停下来。他还是喜欢讲笑话，讲梅溪遇到小混混，两人一起去教训他们，把人吓跑后哈哈大笑。他最喜欢讲第一次见到的梅溪，她穿着白色裙子，背对着自己，在房间里和着钢琴伴奏，唱Ave Maria（圣母颂）……

这是一个他没有讲完的故事，因为讲到这里，他就停了下来，仰头望着天花板，盯着灯光发呆，他不再说话，所有皱纹渐渐舒展开来，大概在记忆里见到了谁，最后一个人自顾自地笑，"嘿嘿！"

我是在跑万米

黄永玉最近重读了《了不起的盖茨比》，但他看的版本是自己年轻时读的《大亨小传》。他又翻出来《万象》杂志的过刊，重读了胡适。他开始找过去的音乐听，手机排行榜上都是老歌，后来我放给他一首歌，他侧过身子用还能听得见的耳朵听，听出来是《忧愁河上的桥》，第一反应是兴奋地招呼女儿过来，"妹妹！妹妹！"两个人凑在一起听过去的旋律，直到今天，他还唱得出Bridge over troubled water：

When evening falls so hard,
I will comfort you.

I'll take your part.

When darkness comes,

And pain is around,

Like a bridge over troubled waters,

I will lay me down.

黄永玉有很多珍藏的宝贝，他也乐于分享。他说他把自己在《诗经》中最喜欢的一首诗刻在了木头上。在万荷堂的画室里，我看到了这六块大木头，那是朋友从云南送来的金丝楠木，黄苗子也欣赏这首诗，爬上梯子直接给他题写在木头上：

> 诞寘之隘巷，牛羊腓字之。
> 诞寘之平林，会伐平林。
> 诞寘之寒冰，鸟覆翼之。

这是《大雅·生民》里讲后稷的故事。后稷名"弃"，这也是一则名副其实"弃"的故事，后稷一出生就遭受抛弃，所幸每次都能得救，被弃置在窄巷里，牛羊避开他走，不伤害他，后来扔在树林里，樵夫救走了他，最后放在寒冰之上，大鸟用羽毛盖住这个孩子，保护他长大。

与他共鸣的似乎都是"弃"的故事。贝多芬音乐强力但是底色悲凉，肖邦有背井离乡的离国恨，拉赫马尼诺夫的底色是悲哀，帕格尼尼也并不是一个快乐的人。《紫苑草》讲了一种底层现实：纵然努力对抗命运，却依然负担着人生的无奈和沉重。

黄永玉说，他有很多话要告诉我，有些事现在能讲，有些事要很久之后才能讲，他讲出来不是为了发表，也不求出名。说这句话的时候，他眼睛红了，他说自己所希望的是，再过100年，至少有一个人知道黄永玉是一个什么样的人，"一个没有奴性的人""一个没有低过头的人"。

我问黄永玉，为什么喜欢画荷花。他显然不是为了荷花的高洁而画了一辈子。"出淤泥而不染"，他一遍遍在画里题跋反驳周敦颐，"没有淤泥，荷花如何活下来？"

关于荷花，他曾经这样解释：小时候在外婆家住，闯祸后常常躲在荷塘里，一躲一下午，也顺势看了一下午荷花。他发现荷花不像君子们画的那样干干净净，真荷花里面有泥苔，周围也很热闹，青蛙、水蛇、蜗牛、螺蛳、蜻蜓，全在一块儿。他喜欢这种热闹，这是一种人生的妙。

但这一次，他重新解释了荷花。他在笔记本上画了花的解剖图，荷花杆是中空的，但它足以顶起一朵盛放的大荷花。荷花杆的内部切片里是无数个小管，整整一把圆管聚在一起，狂风暴雨过来，荷杆固然柔软纤细，但既不会断，也不会倒。它的特质不是与世无争，而是不可摧毁。它就像是沈从文画给自己的小船，在小小的波浪中也动荡不止，但是到了大浪里也不会翻沉。于无声处坚韧怒放，这就是黄永玉的荷花。

"我能忍受你想象不到的那种委屈，那种痛苦，我能忍受。不是一件事，是多少个。这一点我不讲给别人听，是我心里得意的地方。人同人之间的那些问题，受到一点委屈，受到苦，很苦的。我当天感觉有点不好受，第二天就做别的事了，不太去想它。想它一点用处也没有，真是好苦，但是这一辈子，这种苦同我的努力，同我的用功，不能比。"黄永玉说，"我是在跑万米，不像跑一百米那么好看。跑万米绕圈的，不太有人看。我就是一个跑万米的人，要是有人说我跑得不好看，跑得慢，你不必停下来说道理，那就浪费了。让这个生命远一点，跑到终点是我们的目的。"

最后一次拜访黄永玉，窗外满是太阳，丝毫没有要下雨的样子。阳光从彩色的玻璃照进来，大黄狗和小猫一起窝在桌子底下睡午觉，黄永玉还是在讲笑话。

"'四人帮'垮台了，我那时候正在画毛泽东纪念堂的壁画，住在华侨大厦。有人告诉我，有一个人在南京跟着你们走了一路，是他报告的江青，现在就住在华侨大厦，跟我们住在一起。我说，太好了！找几个人打他！"

这时候，他的女儿拿来了一盒喉糖，他拿出一颗，递给听笑话的客人，"你吃一个糖，这个糖是我的家糖，我最爱吃的。"嘴里嚼着糖，他很开心，笑着继续讲，"这个事情现在不会有了，那个时候有机会还会动手。""贺敬之管文化方面的事，他打电话给华君武，说，黄永玉在华侨饭店打人了，你知不知道？华君武说，我不知道啊，怎么可以打人呢？"他模仿领导的正经口气，"华君武就打电话给我，说你打人了，有这事儿吗？我说有，他说，贺先生说以后不要再打了，这样不好。我说，知道了。"口气在这里突然变了调，笑话来了，"接着他问，哎，你是怎么打的，快讲给我听听。"

说完客厅爆发了大笑，黄永玉看着客人们一起笑。

第一次见到黄永玉，聊天中，他突然停下来问我："如果有一天不让你笑了，你怎么办？"

他说，他已经把办法写进了一首诗里，但他脾气又急起来，要告诉我许多办法：在家里藏一本《大英百科全书》，把喜欢的唱片放在柜子后面，好看的书要用东西包起来藏在床底下，一个人的时候再拿出来，读书、画画、听音乐。他还花了10分钟讲解如何煮出最好吃的绿豆，拿一口小锅慢慢熬，用冷水把绿豆皮滤掉，这是他下放时候摸索出来的方法。胡同里的沈从文又一次在故事里出现了，讲到错身而过的瞬间，他一字一顿地重复着那则代代传递的经验："要从容。"

后来，我找到了他留在诗里的办法，那是作于85岁的《笑》——

挖个洞，把笑埋进土里，

到春天，种子发芽，

长成一棵大树，

像座高高的钟楼，

风来了，

满树都响着

哈！哈！哈！哈！

2022 年新年第一天，他完成了撕毁五次才画完的那幅画。这幅画悬挂在客厅里，湛蓝的天空下星星点点，家家户户亮着灯，守着一汪平静的湖水，花尽情绽放，题名《今夜》。画前题字是这样一段话：

"愿上天给人间每个人都有美好的今夜，天天如此，月月如此，年年如此，十年如此，百年如此，告诉子孙们，人应该拥有如今夜之权利，过宁馨如今夜之日子……比如考古学家举它对未来的某一天如今夜的观众说，这幅画是个九十多近一百岁的老头画的，水平虽然算不得高，留传至今，起码能给后人一点欢喜，告诉我们，那时候人们是如何打发日子的。"

他还想写《无愁河》，命运里像是总有一个阻力挡着，不让他写这部小说。第一次动笔是在 1945 年，在抗战和动荡中停笔，第二次续写是在 80 年代末，写满一年又停了下来。86 岁那一年，他重新动笔，这次还是有很多力量让他写不下去，生病、住院、衰老、离别、伤痛，但他这次继续写，13 年间写了 262 万字，一直把故事写到了1949 年。

书里很多故事早已出现在他的其他作品里，但这里每个故事写得很细。写到少年时代见到李叔同，过去他只讲如何在他面前摘玉兰花，这一次他写的是，看到弘一法师圆寂后，回去的路上默默哭了起来。

他的心里并不是没有波澜，只是人老了，伤心是一种秘密。他和年轻时一样，听老歌会哭，读诗会哭，想起朋友时也哭，看到新闻莫名伤心了，不敢让女儿知道，躲在被窝里偷偷哭。他只能把这些说不出口的感情画到画里，写到书里。

他连人生最后的细节都想到了，到时候送去火葬场，送过去就行了，不用想着领骨灰回来，"不好分，怪累的"，他打算跟孤魂野鬼一起过，大家一起热闹。他对于死只有一个要求，"到时候胳肢我一下，看看我笑不笑，"这是他的生死标准，"笑了，我就还活着。"

活了一辈子，黄永玉只是黄永玉。这是他在《世说新语》里最喜欢的一句话："我与我周旋久，宁作我。"

再有两个月，这个人就要99岁了，人生再来个一百年，结局或许还是同一样——天地不仁，白云苍狗，但管它呢，我与我周旋了一辈子，黄永玉永远是黄永玉。

（王贻芳、张新颖、吴洪亮、李庚、杨超、孟斐璇、超仁、汪朝、齐方对本文亦有贡献，感谢瞿中华对本文的帮助）

再连线

黄永玉是一个不讲场面话的人。中国国家形象宣传片拍摄了他，记者请他谈艺术家和国家形象的关系，他答的是拍片那天穿的衬衫，回来一看涨价了；荣宝斋庆祝成立350周年，主持人请他致辞，他诚恳地回答："我最不会做这种事情，你不如让我现场给你打个滚儿，这还更像我。"正经场合都让他不自在。老前辈在台上讲话，他在台下偷偷传小纸条，"书鸿发言万里长，先讲巴黎后敦煌……"好不容易安分下来，不传纸条了，他就坐在台下发呆，盯着会议室的大门看，木门的绿漆斑驳褪色，深深浅浅的绿和灰走出不同纹路，他看出了神，台上的话一句也没记住，

他想画画，他想回去画荷花。

《人物》采访他时，他还在画荷花，听着贝多芬，写了一首诗："人这个东西真有趣／幸好幸好／这世界你是你，我是我／我不是你，你不是我／你想是我不行／我想是你也办不到／这世界没有两个我／这世界有很多你和他／各有各的情怀、命运／山一样高低／河一样婉转／爬着／走着／泅着。"

《人物》：这是今天写的新诗吗？
黄永玉：我刚刚写的，我做很多事。我还在想写一个对联，写一个知识分子，比较穷的那种，写穷知识分子的心境。他一个人啊，房子很小，"灶前酒壶空酌

夜"，昨天晚上我酒壶都是空的，就是穷啊！"瓦上雷鸣梦更酣"，小房子顶上才有瓦嘛，雷在瓦上响，我睡我的觉。这个"灶"字怎么写，我要查，苗子就能够马上写。他的知识不是读的书里面得的，他们在老人家的友谊中长大，浸润的知识影响着人格，他的人格很高尚，后来有跟着画漫画的一帮人在一起，完全另外的世界。

《人物》：我看你的画有一个感觉，大家都觉得一个老人画线画不稳了，颜色画不对了。但你的画有一个特征是"偏不"。我偏不老，我的颜色照样都是对的，透视照样是对的。

黄永玉：我是故意的，是一种艺术行为。按照学院（派）来讲，（画画）要有光，要有形体，要有造型，要有距离，在我这里穿过了，越过了。我有的脑袋画得很小，身子画得很大，有的时候故意画得很细很细，有的故意很简约，我故意这样的。你要了解，我有这一手的，不是没有，只是我运用的时候用不用而已。

这点，现在美术学院或是社会上的人，没有看过我的这些画，他不清楚。他只以为我画荷花，画以前的、彩色的画，所以我就要同以前的都不一样，我有讲一些学问在里面。

《人物》：就像你写的，"人这个

东西真有趣"，你怎么聚拢起这么多人的？

黄永玉：我同人来往，很容易融洽。这个是真的。一个人板着面孔，不愿意同我交谈，我很少碰到。我也可以找找看，看看有没有。估计是没有。我不向人家显示我的本事。我直到很老很老的时候，才劝人家要去求学，要做学问。不是教导别人，而是劝说。我不是教导别人的口气，我有学问、你要向我学，我从不这样。

我碰到的人太多了，有一些事情……但这有什么好伤心的。虱子多了就不痒。

《人物》：为什么宽容了很多这样对待你的人？

黄永玉：为什么？有一个主要的问题，我不想把这个事情变成我心里头最主要的事情，影响我要的正经事。我的屈辱，有的是侮辱，我都不管，我都是看书、画画，自己用功。我是个初中还没有毕业的学生，我能够到美术学院教美术，不容易。大家都承认，是个好老师，讲得出很多道理。我学过拳，论打架，那些都不是我的对手，但没有空去跟人家闹。应该把情感放在自己身上，做事，做作品。你说拼一下，打一架，拼死拼活，我比他可真贵多了，不值得我打架。

许倬云：

寻路人

文／姚璐 编辑／金桐

> 我们不能完全安于说「我的日子好，就够了」，我们每个人要想想未来该怎么做，要想想现在该怎么做。
>
> ——许倬云

在动荡不安的世界中，91岁的许倬云仍在执着地寻找解决方案。①

病痛中的忧思

历史学家许倬云已经91岁了。很多时候，他要和自己的身体作战。

10年前，他动了两场大手术，脊椎剩下四寸没动，在那之后，不能低头，不能弯腰，只能勉强站立，阅读只能在电脑上进行。一

---

① 本文首发于2022年，采访时间为2021年。——编者注

年多前，他彻底瘫痪，站立也成为难事，只剩右手食指还能动。吃饭要靠太太孙曼丽喂食，写作只能靠口述。早晨起床要靠吊兜，"把我从床上吊到椅子上，从椅子吊到床上，像吊猪一样"，他笑着说。因为长久坐在轮椅上，夜晚的睡眠变得浅而长。

这个生于1930年的老人，在大陆成长，在台湾求学，在美国深造，一生经历诸多离乱，见证许多更迭。他以独树一帜的"大历史观"闻名于世，横跨中西之间，他毕生所想都是怎么为中国文化寻找出路、为世界文明提供解决方案。

如今，他居住在匹兹堡的家里。这是一套窗明几净的公寓。二十多年前，因为年事渐高，实在无力打理，他和太太卖掉带花园的独栋房屋，搬到这套有物业管理的公寓居住。从1970年赴美担任匹兹堡大学历史系教授，他已经在这里生活了50多年。曾经的"钢都"不再是昔日的繁盛景象，初搬到这里时，天是火红的，空气中都是刺鼻的烟味，如今，匹兹堡又有了蓝天白云。阿勒格尼河、莫农加希拉河与俄亥俄河静静地在此交汇，半个世纪就这样过去了。

吃过早饭后，许倬云坐到电脑前，开始读报。早晨看《纽约时报》和 *Google News*，白天还要跟进美国的华文媒体《世界日报》，到了晚上，再看两份台湾当日发行的报纸。还有两份杂志，*The Atlantic* 和 *Discover*，一份是文化评论，一份是科学进展，都不能错过。

每日读报，不是为了打发时间，"学历史的人悲哀的就是，自从有历史，人就在说谎，没一个皇帝不说谎，没一个总统不说谎，是不是？这个怎么办？我们学历史的人就要戳穿谎言，但谎言戳穿能（有）几个人看见呢？几个人能看得懂呢？但我还非得做不可，这是我（的）责任，专业的责任，对不对？你看我生活里面苦恼的是这些事情。"这烦恼伴随一生，难有尽头。

虽然退休22年，考古学界的进展也要跟进。他的专业领域是上古史，"不但中国考古，世界考古我一样看，世界不能孤立的。地球气候怎么样，我们中国受什么影响，发生什么样的事件，等等等等。比如说中国历史上大禹治水是真有其事，公元前2019年的那次大洪水，是喜马拉雅山底下一个冰川堰塞湖崩了"。

历史和当下交织在他的头脑之中。在一种满怀忧思的状态之下，他重读爱德华·吉本的《罗马帝国衰亡史》，感到一种文明行将崩溃的危机。

新书《许倬云十日谈：当今世界的格局与人类未来》也是在这样的心境下口述完成的。序言里，他缓缓说道："我今天的发言是在我的病房里面，这是医院帮助我在家设置的病房，帮我在前面开了一个吊兜，使得我从椅子提升到床上，从床上提回到椅子。我自己不能动，要靠着机器帮忙。在这种条件之下，我跟大家共同努力的时间不会太长久了。"

《人物》的拜访发生在2021年11月的一个上午。当我摁响门铃时，他早已等候在客厅中央。在大洋彼岸的这间现代公寓里，他的言谈举止中留存的是一种旧文明系统中的古典气息，令人感觉在两个时空中穿梭。

这种"古典气质"，东南大学教授樊和平也深有体会："那样一种气息，那样一种气派。在他的眼睛里，一切都是平等的。一方面就是他对所有的人，包括你们年轻人，都非常地尊重。另外一个，他不会因为你是权贵，他就对你丝毫有一点添加什么。这一点如果不亲身在场，可能难以体会。"

"我是个病人，所以穿了病人衣服……你不在乎啊？""我耳朵不灵光，声音有点哑，没以前亮了，你包涵点啊！"许倬云充满歉意地说明，然后坐在桌前，准备开始谈话，窗外是一片小小的草地，已是深秋，树叶正在由绿转黄，他的眼睛凝视四季、历史和现在。

和年轻朋友说话

2022年刚刚到来的时候，许倬云录制了一段视频，在全世界"被瘟疫所困"的日子里，他有一些"想对年轻朋友说的话"。

坐在家中的桌前，他双手交叠，唯一能动的那根手指一动一动——那是他说话时的习惯。这个生于战乱岁月的老人，平静地目视镜头，说"我一辈子没有觉得哪个地方可以真正给我们安定，哪一天会真正给我们安定"。

在这既短暂又永恒的风云变幻中，他想提醒"年轻的朋友"，要记得反省"我自己有没有作为其中的一分子，促成了这个风云变幻"，"我们不能完全安于说'我的日子好，就够了'，我们每个人要想想未来该怎么做，要想想现在该怎么做"。

2019年4月，也是在匹兹堡的这间公寓中，许倬云接受了作家许知远的访问。"那天我记得是有点小雨，雨蒙蒙，所以造成的风景啊，雨蒙蒙很有意思。"许倬云向《人物》回忆。太太孙曼丽说，他喜欢雨，喜欢长江。

以雨幕作为背景的谈话中，他谈到"往里走，安顿自己"的人生哲学；谈到全球性的问题，"人找不到目的，找不到人生的意义在哪里，于是无所适从"；谈到他对中国文化的信心与忧虑，"中国尊敬过去，注重延续，来龙去脉，这个是中国的好处也是中国的缺陷"；还有对未来的期许，"要人心之自由，胸襟开放，拿全世界人类曾经走过的路，都要算是我走过的路之一。要有一个远见，超过你的未见。我们要想办法设想我没见过的地方，那个世界还有可能什么样"。

后来那期访问成为《十三邀》当年最受欢迎的节目之一。"我有个surprise，我没想到这么温暖的、热烈的反应，所以我就觉得我该尽义务了。"许倬云告诉《人物》。

虽然拥有顶尖的学术成就，但他从来不只是象牙塔中的学者。有很长一段时间，他一直为报纸撰写评论文章，中国台湾"中研院"历史语言研究所前所长、历史人类学家王明珂向《人物》回忆："那个时候他给我的印象就是，说话很有分量，然后他的文章在报纸上常常登在很重要的位置上。"

而现在，他所指的"尽义务"，是更积极地参与、回应现实。他相信年轻人，也能感受到，在这个纷乱复杂的时代，年轻人渴望向他寻求答案，"对他们我愿意舍得精力"。他相信个人行动的力量，想要告诉年轻人，"责任不是你担社会责任，你担你自己该负的责任，你担你对你相处的人的责任"。

后来他在《许倬云十日谈：当今世界的格局与人类未来》中说，"我盼望，我在世间走了这么一遭，有机会跟大家说这些话，使大家心里激动一点，本来平静无波的心里可以起个涟漪。小波浪可以造成大的潮流，推动大家不断地、一天比一天进步。"

在这天的访谈中，他提醒我，"我想讲的，未来的情况下，我们现在的文化能不能适应？将来做怎么样调试才合适？中国的缺点在哪里？西洋文化缺点在哪里？这个我要保留下来讲的，好吧？前面差不多了，你给我大概至少要20分钟左右。"

当我们真的进行到这个话题时，他变得极为严肃，"假如占全世界四分之一人口的中国能找到一条路，这四分之一就可以影响到全世界"。此时已是中午，他应当休息的时间，老人已经明显疲惫了，但他不愿意被打断，"我认认真真讲，这是我最关心的事情"。

几乎所有人都能感受到许倬云的迫切。哈佛大学教授王德威是他的谈话对象之一，王德威专攻文学，许倬云则是历史学者，二人年龄相差24岁，过去他们主要因为学术讨论聚在一起。

"到最近一两年，因为疫情的关系，我觉得他那个疏离的感觉、那个危机的感觉特别强。"在zoom视频中,王德威告诉《人物》,许倬云向他提出,能不能定期联络,他们约定一周通一次电话。

在定期进行的通话里,他们天南地北无所不谈,"有关中国两岸的华人世界的问题,他都非常非常关心,"王德威回忆,"第一次把我吓坏了,我记得最开始他讲两个多小时滔滔不绝的,许先生,我说您九十几岁了,您要不要休息一下?"

另一方面,王德威理解他,"那种时不我与的感觉,不只是年纪上的、健康上的,同时可能也是一种知识分子面对这个世界的局势的那种危机感啊。我觉得危机感是某一代的中国知识分子,是他们的血液的一部分,他们的DNA里的一部分,三四十年代(出生的这一代知识分子)。所以那种紧迫感,用一种很俗的话来讲就是感时忧国。"

离乱岁月的梦魇

1930年,许倬云出生在厦门鼓浪屿。4岁时,父亲由厦门海关监督转任湖北荆沙关监督,为中国面对战争做准备。3年后,抗日战争开始,他们全家随着战线迁徙,成长过程中如影随形的是战争和死亡的阴影。

80多年过去了,许倬云的太太孙曼丽告诉我,时至今日,他仍然会在深夜梦魇,"所以一个人年轻时候的记忆啊,真的是很深很深"，之后的人生经验，"往上头加，盖不住"。

"懂不懂'过阴兵'？"许倬云向我提问。

"你们没受过这种苦，你真的不知道，万县死了多少人，房子没有了，人睡在街边上，夏天，连着有几个月，每个月每天晚上半夜三更全城大哭大闹……看见死的人脑袋没有了，腿没有了，血淋淋地在这排队走过去，像军队走过去一样，就在你头旁边走过去。"

后来许倬云曾在许多场合讲起过这个故事——七七事变后，川军战士上前线途经沙市，母亲带着女工为战士们烧开水喝，她看着这些不过十八九岁、脸上带几分稚气的小兵，不由自主地口宣佛号："阿弥陀佛，不知道这些人有多少还能够回来。"

"很快地我们就知道什么叫轰炸，很快地我们就知道什么叫流亡，很快地我懂得母亲所说的'不知道这些人有多少还能够回来'，这个鲜明的印象，使我领悟到生与死的界限，以及个人与国家之间究竟是怎样的关系。当时年纪还幼小，不知道其中的意义，只晓得这些人成批成批地开拔出去，或许永远不回来了。这幕景象，从此切开了原本无忧无虑的童年。"他在《回顾心路历程》一文中记录了自己心境的改变。

抗战的经验是他此生最深刻的记忆，只要讲起这个话题，他总是会哭，有时哭得像个孩子。这哭里有痛心，也有害怕，当年的恐惧到现在一直还在。

"日本人炮声离沙市不太远了，我们就要搬到老河口去，满路都是人。爸爸拉着老妈的手，妈妈抱着我，在江边走。没有车辆，没有什么了。公家准备撤退的车在下面，要走下去。爸爸就跟娘娘说，真要（是）日本人杀过来，我拉着老八，你抱着老七（许倬云），我们四个人一起（跳）下去，长江水……"坐在餐桌前，老人的声音微微颤抖，哽咽得几乎说不下去。

那时他还没有上学，但是在这样的离乱之中，他有了"中国不会亡"的信念，和对于中国文化的信心。"中国的老百姓是好的，真是好的，危难的时候互相真是帮忙，真是到了死亡架在头上的时候，真是互相帮忙。日本人飞机在扫射，我们在万县，一个悬崖底下，公园里面悬崖底下可以站几万人，大家以为日本飞机不能扫射悬崖，日本飞机就沿着悬崖，低飞。马上许多男人站到前面去，拿女人小孩推到后面，没有动员，他们自己做了。"

后来，他的生命中，经历了更多的离乱和逃亡。

1948年，他们全家分几批迁到台湾。他和二姐一家坐同一班船，如果搭早一班，就是永远沉没了的太平轮。"所以我跟你讲人生实苦啊，不能看见我自己苦啊，我看见离乱之世。《世说新语》，怎么样讲衣冠南渡。东晋是衣冠南渡，到了岔路口，逃难群众分两条路分开，路口互拜，一别不知道哪天再见，大家摸着树一起哭。中国历史上衣冠南渡多少次了。"

到了20世纪80年代，许倬云开始写作《西周史》，写到最后一章，西周行将走向衰亡，他几乎是流泪写成，"看见一个秩序有理想地建立起来，但是糟蹋掉了"。当他写到《诗经》里的《板》《荡》，十分伤感，"因为他们经历的离乱岁月，跟我自己在生命里亲眼所见的一样"。

历史学家没有快乐的

和许倬云的谈话，有时候会陷入一种困境。他写的是"大历史"，谈的也是"大问题"。我们谈及中国文化的未来，他先从量子力学里的纠缠现象讲起，讲到雅利安人驯服了马匹，开始有了掳掠文化，再讲到周人的天命文化，讲到孔子的"忠"与"恕"，在几千年的尺度里，他比较东西方文明的差异，试图让我理解东西文明系统中的复杂脉络，在纷乱的线索中抓住核心。

他曾经解释过自己的谈话风格，是受劳榦（劳贞一）先生影响。"人家问我问题，我会一条一条细琐地回答，但我脑子里可没忘记题目。只是听的人可糊涂了，不晓得我会绕回去，等到最后我回答他的问题时，他说：'你怎么兜了那么大的圈子？'我说：'我不把细节讲清楚，怎么回到大题目啊？'所以人家问我题目，我回答的办法就是劳贞一先生的办法，但是提问的人一定要很有耐心听完，早晚我会转回原来的问题上去，不会转丢的。"

他喜欢用一个词来形容当下很多人的关注落点——零碎。在这样一个分工越来越细的时间，给大问题做注脚的人越来越少。这十几年来，厦门大学哲学系教授王波经常向许倬云请教问题，他们的话题既有"古代历史、考古学、社会学等，研讨从新石器时代一直到汉代以后，看看怎样演变出了中国的秩序"，也有时下流行的各种话题，"比如内卷、躺平、脱碳入硅等等"。

在持续经年的求教与讨论之后，王波说："如果说我有什么治学习惯承袭自许先生，那可能就是历史思维。这里的历史不是历史学的历史，不是被降格了的对历史事实的编年记载，而是建立在通晓人类历史及其成就的基础上，超越基于常识的经验思维，将历史本身作为根本原则，把握历史展开过程中的必然性。"他说，许倬云对于知识人的期待是，"努力做能够'一锤定音'的人，起码要有这样的气魄"。

复旦大学教授葛兆光曾为许倬云所著《说中国》写解说，他"感受最深的，就是许倬云先生那种'截断众流'的大判断"。他的视角始终很宏大，最终落回他的表达，"我讲的人在群体之中层层套叠，有责任、有权利、有自由，这种社会不是孤立的，是自由的、平等的，是有责任、有权利的。"

但大视野投向的从来不是大人物。在他的目光里，小民百姓、日常生活分量深重。

1993年夏天，许倬云为即将在内地出版的《西周史》重写序言。他写下自己受到的质疑，"《西周史》问世以来，曾得到若干同行的批评。批评之一：'居然连周公的事迹也不提！'其实不仅周公未有专节，文王、武王、太公、召公……均未有专节。"

他回应道："我治史的着重点为社会史和文化史，注意的是一般人的生活及一般人的想法。在英雄与时势之间，我偏向于观察时势的演变与推移——也许，因我生的时代已有太多自命英雄的人物，为一般小民百姓添了无数痛苦，我对伟大的人物已不再有敬意和幻想。"

他深受法国年鉴学派的影响，"我们注意的是人的生活，我们不注意皇亲国戚，更不注意帝王将相。我们国家是注意它的制度，注意它的成分，不注意里边的政治人物。从一个人看他的时代，他的悲欢离合多少是他自己负责任，多少不是他的责任。绝大多数的悲剧不是他的责任，都是牺牲品。"

正是这样的认知，构成了他与一般史家不同的治学特点。在这部没有帝王将相的史书之中，他着重探究的是周人"天命"观念的形成，又另辟章节描写周人的生活。写到"饮食"时，在描述完当时的食物及烹调之法后，他写下，"虽说如此无等，农夫的生活到底只是陈年的谷粒（《诗经·小雅·莆田》）及采来的苦荼（《诗经·豳风·七月》）。"

虽然历史资料总是"详于社会上层，而略于下层"，他仍尽力复原3000年前最普通百姓的生活。在"居室"一节，他专门写道："小小土室，柴扉零落，用桑树的树干作为门轴，上面是草束覆蔽的屋顶，破了底的瓦罐放在夯土墙中，当作窗户，用破麻布和破毛毯塞在门缝窗缝里挡寒气……下雨天，屋顶漏水，地面也因为是挖掘在地面以下，进水是免不了的……在西周，大致是最穷的人，住这种半地穴的居室了。"

华东师范大学教授叶超是许倬云谈话的朋友之一，他感受到，"他对于这些问题实际上已经超出了一个历史学家去研究对象、一个考古学家去勘探文物的感觉，他是真真切切地去关心历史和历史背后或者历史中的这些人，这是他最关注的。"

抗战结束后，许倬云全家回到无锡，他进入辅仁中学就读。学校隔壁就是东林书院，没有围墙，只有一排矮松林阻隔。如果有同学不听话，就会被老师带去东林祠堂，对着先人罚站。明代的东林党人讲究实学，不谈心性，"家事、国事、天下事，事事关心"，这是许倬云自己体认的文化基因，"无锡人不在乎干任何高高低低的job，读书是本分，干活是干活。不是我是书生，我（就）是了不起，我做宰相啊什么。我不在乎。读书是本分，养活你自己是该做的。"

迁往台湾后，他考入台湾大学历史系，受教于沈刚伯、李济之、劳榦、凌纯声等史学大家，1957年，他赴芝加哥大学攻读博士学位，师从美国著名的汉学家顾立雅（Herrlee Creel），受到的是东西方最好的精英教育。

但王德威发现，"他特别有一种愿意从世俗跟民间的立场来看待历史问题的倾向，这个跟他个人的学术训练似乎是有所不同。因为他来自于一个大的家族，来自于一个书香门第，来自于一个有良好教养的环境。但他始终强调的是他所经受的这种乱离的经验，所亲眼看到的大量的这个死亡、战争、逃难、饥荒等等，刻骨铭心。所以一开始他一方面做的是上古史的研究，但他那个'心'是，怎么讲，非常牵动到当代经验的。"

这给了许倬云一种超越性的立场，"我对于人类的关心，和对一族人的关心应当是一样的，并不少。"

在《许倬云谈话录》中，他谈到自己经历的抗战8年，"除了最后一年多在重庆安顿以外，都是跑来跑去，因此，我幸运地看到了中国最深入内地的农村，看见最没有被外面触及的原始原貌，不但是山川胜景，还有人民的生活。作为旁观者，我常常被摆在一个土墩上、石磨上，搬个小板凳，看着人家工作，所以我对农作的每个细节都可以细细地看。"

后来他写第二本英文专著《汉代农业》，"亲切的印象全回来了"。当许知远访问他时，向他提问："对中国的常民来讲，历史上这么多年代，生活在哪个年代是最幸福的？"他的回答是汉朝，"国家的基础放在农村里边独立的农家"。

他在20世纪80年代的博士生、学者陈宁后来总结，"在许先生心目中，共同体的'盛世'应该是百姓安居乐业，生活过得最舒畅的时代，文化最具活力的时候，而许多教科书将'武功'作为衡量盛世的标准。许先生反对这一标准，因为'武功背后有多少悲伤'，战争给百姓带来的是连年的苦难。"

"所有的历史学家没有快乐的，司马迁受了那么多的虐待，除了宫刑，一辈子坎坷，这个苦跟他看见汉朝起步的错误、汉朝当时的愚蠢（有关），他难过啊。"回望自己的治学生涯，许倬云这样告诉《人物》。

陈宁如今生活在弗吉尼亚，距离他做许倬云的学生已经30多年了。他带来几封他小心翼翼保存的与老师之间的通信，一点褶皱都没有的信纸上，许倬云写下自己翻译的Robert Frost的诗《少有人走的路》，"深林有歧途／败叶掩足印／举步入荒径／只为少人行"。

在信中，他告诉自己的学生："此诗表达了与研究精神暗通的心态，求知必须有深入不毛、另辟蹊径的勇气，庶几踏入未经开阔的新天地，其实无论读书做人，都需有不怕寂寞，不随众人的心理准备。千山独行，即是一步踏入荒径也。以为然否？"

居然可以不疼痛了

在2022新年谈话的视频中，许倬云提到，过去的2021年，自己最有成就感的事，"就是居然可以不疼痛了。这个是了不起的大事情，居然可以逐渐过比较正常的日子"。

疼痛几乎是伴随他一生的阴影。许倬云出生时，母亲38岁，已经是高龄产妇，怀的又是双胞胎。在母体营养不够的情况下，强者取全部，弱者取其余。弟弟许翼云是健全人，他生下来就是"很坏的伤残"，肌肉没有力量，骨头没办法生长，一直到6岁都不能动。8岁时，他自己发明一个办法，拖着竹凳子，一步一步向前移，后来才慢慢能站起来。这使得他"从小就学会忍耐，在哪个角落都能随遇而安，有时在椅子里坐上一个小时，也得乖乖忍受，直到有人再把我抱到别的地方"。

家中兄弟姐妹都去上学，但他不能。后来，许倬云成为历史学家。身体限制了他，也给了他不同于其他人的视角，"我不能动，我是永远（的）旁观者"。

"最初我没有希望，"他向《人物》回忆，"我在农村里边逃难的时候，起床以后，父亲忙他公事，母亲把我放在村子里的磨盘上。磨盘旁边总有人，洗衣服的啦，摘菜的啦，就在旁边，磨盘上安全的。那种情况之下我不存希望。慢慢慢慢看着，还有太多人不如我，太多比我更可怜的人了。尤其看见满地的伤兵，抬进来的时候，一百多人躺在打谷场上。第一天晚上鬼哭神号，第二天晚上声音停了，第三天没了，一批一批拖出去，拖到汉水边上，挖个大坑——生时同袍，死时同穴。这种刺激一般孩子看不懂，我看得懂啊。"

因为看到了满目的可怜人，许倬云想要站起来，"我要能走路，我能学，读书对我并不难"。抗战结束后，全家回到无锡，辅仁中学愿意接收他，他得以第一次进入学校，开始上高一，所以他至今感恩。

那之后，他考入台湾大学历史系就读，之后又赴芝加哥大学攻读博士，求学之路一路顺遂，但病痛也始终伴随。在芝加哥时，他经历了五次免费的矫正手术。"夏天开刀的时候，看着树叶茂盛，我脚挂在绳子上，绳子挂在床上面那个架子，让血液可以循环。晚上翻身不能翻身，这日子怎么过的？会问自己啊！每次开刀重新学走路，痛啊，有的发炎了，彻骨之痛啊！"

许倬云说，在那样的境遇之中，他常有自杀的念头，但因为动不了，连自杀都不行。

支撑他坚持下来的，是人世间的善意，"因为我看了太多的人爱护我，太多人想帮我忙了"。在不能上学的那些日子里，父亲随机对他进行全科教育，一边听广播一边给他翻译丘吉尔的演讲，"在海上，在海滩，在滩头，在街道，我们一路抵抗"；在美国，因为长期住院，老师来病床边给他上课；主刀的医生跟他说，"不是我在开刀，是神用了我的手给你开刀，我们一起祷告"。

也是在芝加哥大学读书时期，他第一次读到了加缪，"当西西弗再度站起举步向山下走去时，西西弗几乎已经与神平等，至少他在向神挑战。没有想到，这次偶然拾来的读物，竟解决了我心理上的矛盾。"在《心路历程》中，他这么写道："我从自己的残疾得到一则经验：我知道凡事不能松一口劲，一旦松了劲，一切过去的努力都将成为白废。"后来他在《十三邀》中说："只有失望之人，只有无可奈何之人，他会想想我的日子为什么过。看东西要看东西本身的意义，不是它的浮面，想东西要想彻底，不是飘过去。"

2021年，瘫痪之后袭来的疼痛，足足有3个月，"也是彻骨之痛，痛得求死不成，求活不行"。陈宁就是那时收到他的邮件，询问他是否能帮忙找到可靠的医生止疼，那时，他已经疼到无法睡觉了。

就是在这样的境遇中，只要他状况好转，就会让助手来家中记录自己的口述文章。

这样剧烈的疼痛，最后通过针灸才缓解下来。纽约大学博士毕业的儿媳在加拿大的针灸学校特别选修针灸，在取得执照之后，"我是她第一个病人"。

治疗的过程"痛得死去活来，慢慢像潮水退一样。这潮水哗进来，哗出去，绕着伤口这么转，真是浪潮一样的。等那阵慢慢慢慢定下来"，他说，"居然可以不痛了"。

令人吃惊的是，在每周一次的电话里，王德威听许倬云讲起，他已经在为《万古江河》做"续编"的写作计划，"他的脑筋一直在动，这个很惊人啊，九十几岁的学者，他不会甘心躺在那里养老啊，或者是消遣，什么看电视剧，没那个事儿，他就一直在思考。"

上帝可怜我，给我好家庭

两个多小时的访谈里，许倬云的太太孙曼丽一直坐在一旁的沙发上。她声音活泼、快人快语，能让人很快地亲近和放松下来。

她聊起种花种草，让人种竹子时要小心，否则会缠绕下水管道。提起许倬云一家，她笑着说，"都是无锡泥娃娃"，胖胖的好胃口。她有自己的总结：一个家里头，如果妈妈对吃很重视，孩子都很快乐。

许倬云流泪了，她就为他擦拭眼泪。如果许倬云情绪陷入低潮，她则会适时地插进来，"我就常常跟他讲，我说这个世界嘛，是不好，可是你必须要抓住你的理想，不能放弃。"

她懂得许倬云的悲苦，也了解他内心深处的乐观、不放弃。许倬云形容她，"是醇厚高洁的人"。

在80岁所做的口述历史中，许倬云有过这样一段动人的讲述："我常说上帝是非常好的设计者，但却是非常蹩脚的品管员，所以我的缺陷非常严重。不过上帝对有缺点的产品都有产后服务，会派个守护神补救，我前半生是母亲护持，后半段就是曼丽了……为了照顾我，曼丽确实比一般的妻子辛苦，这是我感愧终身的！好在我们相契甚深，其他都不在乎了，一辈子走来，感到生命充实丰富。如果我们可以选择，下辈子还是愿意再结为夫妻。"

在这天的采访里，两个人说起生死像话家常。许倬云说，"我珍惜剩下的岁月。她走，我走。哪天我走了，她大概也跟着走了。"

因为身体的残疾，许倬云说，年轻时，自己在心里筑了一堵墙，"必定要有一女孩子，能识人于牝牡骊黄之外，就像伯乐识马。她看得见另一边的我，不是外面的我，而我也看见这个人"。

他们之间相差12岁，他担任台湾大学历史系主任时，她是历史系的学生，只是那时他们没有交往。直到她毕业两年后，他们发现"事事都谈得来"，她懂得他热闹背后的孤独，"他的稳定让我稳定"。50多年过去，"你现在叫我重新选，还是选他"。

谈话进入轻快的氛围，孙曼丽说："我知道自己，然后我知道我要什么。而且我忍受不了人家的脑子笨。反应慢，脑子笨，我吃不消。"

1969年，他们结婚，生下儿子许乐鹏，他们对他的期待是，"过一种宁静、情感满足、精神生活充足的生活"。许乐鹏如今也50多岁了，他不想要进入某一个"系统"之中，从芝加哥大学博士毕业后，他当过摄影记者，现在他在卡内基梅隆大学教一门人类学的课，另外的时间和朋友们一起做独立摄影杂志，"很忙很忙，他喜欢"。

这对夫妻之间的坦然令人印象深刻。南京大学的老师马敬记得她第一次见到许倬云夫妇时的样子，那是十几年前的事了，许倬云应老友余纪忠所托，帮忙筹建南京大学人文社会科学高级研究院和华英文教基金会。公事结束后马敬送他们回到金陵饭店。她在电话里笑着回忆，当他们在房间门口道别时，许师母一边笑盈盈地说着再见，一边轻轻摩挲着许先生的头顶。因许师母比许先生高出一截，看上去就像摩挲小朋友的头一样，轻松又充满爱意。

后来渐渐熟了，她就像他们的女儿一样，许师母教她做葱油拌面。她陪师母去买衣服，买回来了在屋子里试穿给许先生看，"许先生就嘿嘿说好看，我们还打趣说，这男生就只会说好看"。

这是一个快乐的家庭。他们喜欢花草，喜欢听昆曲。许倬云从少年时代就迷恋武侠小说，这天他们说起最喜欢的武侠人物，都把票投给萧峰。孙曼丽说，"这个角色非常动人，写得非常深。"许倬云说，"契丹人的后代，中国人的徒弟。两边都不能（让步），他自己得牺牲。"身为离散者，多少有许倬云自己的人生况味在里头。

瘫痪之后，许倬云吃饭要靠妻子帮忙。《人物》到访的这天早晨，"一碗热稀饭，一个咸鸭蛋，一个肉松，人家就吃得开开心心的"，孙曼丽笑着说，最近朋友帮忙买到了美国不容易找到的腌笃鲜罐头，许倬云爱吃，"五花肉和大肥肉，人家吃得嘎嘣嘎嘣的"。

还在学校教课的时候，许倬云好客，常常请学生来家里吃饭，师母做的饭是所有学生的温暖记忆。但在许倬云身体还好的时间里，他要负责洗菜、切菜、洗碗，"我那时候力气够的时候，我切肉切得蛮好的"，许倬云笑起来，眼睛眯着。"我们家就我一个女生，谁也不敢讲说该女生做。"孙曼丽补充。

他们也讨论时事、历史，孙曼丽有自己的看法，《万古江河》的书名，也是她所起。"我们大小问题也商量，思想问题可以讨论，带孩子的方针可以讨论，对朋友的选择彼此尊重，这是我一辈子最大的福气。她懂得我这个人，懂得我的脾性，懂得哪些人我不喜欢，哪些事情我不愿意做。她从来不在乎我的生活起居宽裕不宽裕，穷过穷日子，宽裕不浪费。母亲和她是我一辈子最大的支撑。"在《许倬云谈话录》中，许倬云曾如此总结。

在所有场合，许倬云总是说，要谢谢曼丽，他心里总是有愧疚。但马敬告诉我，"许师母说，其实不然。其实是许先生如果说有一天不在了，你会感觉到许师母会有一种精神上的垮塌，我理解她就是对许先生有一种精神上的依恋。"

2021年，在接受混沌学园的访问时，许倬云说到自己最想做的一件事，"能够跑一跑，能够跳一跳，能够两只手把曼丽抱起来，托起来，这就是我的愿望了。"

关于这个愿望，《人物》采访的那天，孙曼丽给了最动人的回答，"可是我从来没有想这个事情，跟他在一起，我从来没有想到说是要做这些事情，因为我是觉得这边（她指了指大脑）比较重要。那你像以前我们走路都得牵着他，他走得慢，我走得快，我常常走着走着我就把手给扔了。他说后面有个小狗，你快牵啊，他说你后边有个小狗，你怎么就跑那么快。因为我牵他走的时候，走走走，我就手放了，就往前走了。回头看，还有个人在这里。"

"这是上帝给我的恩赐，上帝可怜我，给我好家庭。"许倬云笑了起来，"所以你知道我多幸福，对不对？"

美好的仗已经打过

再回到这间安静的屋子吧。客厅里挂着辛弃疾的《朝中措》："夜深残月过山房。睡觉北窗凉。起绕中庭独步，一天星斗文章。朝来客话，山林钟鼎，那处难忘。君向沙头细问，白鸥知我行藏。"

他尤其爱那句"一天星斗文章"，还化用马致远的曲做了对子，"一天星斗文章，满眼山川图画"。让人想起他最爱的两句诗，"西风残照，汉家宫阙"。开阔者自有开阔者的行处。

一天的大部分时间，许倬云坐在书房电脑前，他用一个指头打字，就这样一点一点回复邮件。几乎每个访谈对象都会提到许倬云的邮件。中央民族大学教授陈心想第一次联系许倬云时，是想请他为自己的书《走出乡土：对话费孝通〈乡土中国〉》写序，那是2015年，两人素昧平生，许倬云二话不说就答应了。"谢谢赐函。我们虽然从未见面，为费先生大作的演绎作序，义不容辞。但须等几日，等我的助手来，帮助笔录口述。"

2017年，华东师范大学教授叶超给许倬云写邮件时，是在网络上看到了一篇演讲。那是许倬云在2006年所做的讲演《历史上的知识分子及未来世界的知识分子》：

"未来的世界，工具性的理性或许可以发展到极致，但其目的与意义却没有人问。未来的世界，颠覆文化的人很多，却没有文化的承载者。知识分子还有没有张载所期许的四个志业？

过了七十岁以后，凡是公开演讲，我都当作最后一次。今天的谈话，我心情非常沉重。在海内外看到的种种，使我痛感事情的严重性。当然我不希望这是我最后一次演讲，盼望明年有机会能再次和大家同堂。如果明年不幸无法见到各位，希望年轻的朋友们愿意做傻瓜，承担痛苦，抗拒财富与权力诱惑。”

接受访问前，叶超先把这篇演讲发过来，希望我读过之后再与他谈话。他说，那封邮件过后，他和许先生虽未曾谋面，但成为了时时谈话的朋友。叶超承认，这是一个知识分子容易感到迷茫的年代，“专家性的人才越来越多，但是真正地能够把专业跟社会跟国家世界发展的命运联系起来的人越来越少”。在不同的年份，他都会重读一遍这篇演讲。

这正是许倬云忧虑的问题，他总是谈起现在的大学教育，他强调，“一定要帮学生学到寻找知识线头的能力，把线头找出来。”教学生，不是浇筑模具，他害怕那份整齐划一斩断了生命力。

还有更多的年轻学者受到许倬云的感召，南京大学讲师陆远，十多年前还是一名研究生，那时许倬云帮助筹建南京大学人文社会科学高级研究院，他常常陪在许倬云身边。有四五年时间，许倬云每年到南京住一到两个月，只要南京大学给他一套可以住的房子，不要任何酬劳。任何人只要愿意向他求教，许倬云就愿意讲。

那样的气氛，会令他想起《论语》里的“暮春者，春服既成，冠者五六人，童子六七人，浴乎沂，风乎舞雩，咏而归”，陆远回忆，“他先会问你，你最近在读什么书，在思考什么问题，然后问了他以后，他就开始展开这个讨论。”

在南京的那些年里，他在南京大学和东南大学两头跑。东南大学是以工科为主的院校，曾经长期负责东南大学人文教育工作的吴健雄学院党总支书记陆挺向《人物》回忆,许倬云最大的担忧是培养出"单向度的人","如果社会上只有科技而没有人文,那么这种科技只是一种工具性的理性科技,一种找不着目标的科技,一种忽略了人存在意义的科技。科技发展到最后的结果就是,出现了为一己私利而不择手段的科学怪人、科学狂人,一种没有人文的科技,发展到最后就是不管人性,只要能获得利益就可以去奴隶别人、侵略别人,这样的科技毫无存在的价值。抛开社会不谈,一个人如果没有人文精神,那么他就不会知道欣赏美,不知道寻找快乐。"

但两场大手术后,许倬云不再能飞行。2013年10月,南京大学人文社科代表团在美国访问期间专程到匹兹堡拜访他。谈话到深处,许倬云说了很令人动容的话:我今年已83岁,余用很少,不能飞行,不能再回去与大家共事,但如果送年轻人来,我拼着老命教他。

陆远后来听说那天的谈话,特别感动。但他也为这种情感终将消逝而感到伤感。"比方说青教,像我这样的,大家都要关注上职称啊,然后你能发多少文章啊,工分能攒多少,大家很少再去想这些大的东西。"他说起当下青年教师的共同困境,"我觉得今天我们这个时代很难有了,因为大家关注的都是非常小的点,具体的我可以在我那个领域里面研究得很深,但是我没有办法对大的格局产生看法。"

有的时候,许倬云也会陷入一种情绪的低潮之中。2019年年末,马敬向他问候新年,他在回复中写道:"目前几乎每日有在家护理人员,保持密切观察。曼丽为此,特别劳累。我已89岁,看来大限不远，来日无多。虽然如此，我套用《圣经》：美好的仗，已经打过；我已尽力，也应该收兵安息了。而且举目四望，处处正在叔世进入季世，能不再次经历劫数，已是福气。只盼余生，尽力完成该做的事，或者心理稍觉不愧。愿大家放心，一切尽其在我，其余付之天命福分。"

葛岩是许倬云在20世纪80年代带的博士生，如今是上海交通大学教授。隔段时间，他会给老师打去视频，视频镜头中，他感到老师显老了，每次移动都赖于轮椅。老师在信中对他说："天天肌肉疼痛，藉药物止痛。人生至此，无可奈何。"

葛岩和妻子写信过去，请老师万万以健康为重。后来葛岩收到了老师的回信，那封信令他震动。老师的回信是这样写的：

"为了做一日和尚，总得尽一日钟的责任，因此来者不拒，有人愿意听，我就尽力交流。毕竟，我们都是知识链的一个环节，这一长链，不能在我手上断线——葛岩，希望你也记得如此做。"

（感谢陈航先生全程陪同安排，
以及冯俊文、陆敏芙、王瑜为本文提供的帮助与支持）

再连线

92岁的许倬云生活中面对了更多失去。

这一年里，他的老朋友、老同学，一个一个离开。2022年2月份，他的瘫痪忽然恶化，令他痛苦不已。后来稳定住了，"但暗中的恶化一直在进行"。对此，他的心情已经平复，对最终极的结局，他有一种坦然。

只要还在一天，他就要"尽我之能，旷野叫唤，唤醒许多的梦，唤醒许多的错"。

《人物》：刚刚过去的2022年，您过得怎么样？

许倬云： 开心的事情是，我的瘫痪从忽然变坏到慢慢稳定，我的情绪平复多了。悲痛的是，这一年内，我的老朋友、老同学，一个一个纷纷离去，差不多每一个月，我会听见一个人走了，甚至更密切。

很矛盾。一方面我愿意早点走，我不必再负担感情上的担子；另外一方面，我不愿离开（妻子）曼丽，儿子、孙子，他们有自己的天下，他们自己长程的（人生），我没法长陪。但是夫妻两个是连翅膀的、并肩的，这就是我最矛盾之处。

我在世一天，我愿意尽我之能，旷野叫唤，替中国人呼唤，唤醒许多的梦，唤醒许多的错，尽我之能做这个事情，螳臂当车，挡不住，精卫填海，填不满。

《人物》：为什么想要对年轻人讲话？

许倬云：在这一年，忽然我发现，我过去那一年跟北大的讲话、跟其他学校的讲话有得到相当好的反应，今年就多了许多讲话的机会。我有这难得的机会，能够跟百万之众的青年们谈话，我有机会提醒他们，眼前父亲、祖父，真的是三代造就的成绩，经济上来了，脱贫脱掉了，但是呢，意气涣散了，很多人唯钱是问，又有一些人，看穿了财富，什么都不要，心理上做个逃遁、逃避，逃避到所谓躺平。

我也向大家讲，要向里走。我就盼望大家不要误以为向里走就是逃避，向里走是努力充实自己，拿自己的身体能用的部分，心智能用的部分，都动员出来，度过将来更深的难关。

那更深的难关，有多远呢？不知道。这几年瘟疫的流行是困扰我们，但这种困扰会过去的。最长的瘟疫，在人类历史上也就不过两三年、三五年，我们都会有办法找到治疗（方案），所以那个是暂时的。

《人物》：此时此刻，我们能做些什么？

许倬云：一切过去、百年来假定的想法，我们要有勇气检讨，有勇气修改，有勇气承先启后，哪一些好的部分扩大，哪一些要贯彻。这个就是教育的问题，历史教育只是一环，社会责任的教育也是一环，爱的问题更要紧，不能拿金钱、一栋房子、一百万礼金，作为结婚的理由。要两情相爱，苦难共当才是婚姻啊，才是爱情啊。

中国的情是双边的，亲子之间，小的时候，我们哇一声哭，叫父母劳心劳力，到他们老了，要想到，TA在当年照顾我，我在今天照顾TA。但今天没有了，（都是）单轨，没有回程车，这是非常可惜的事情。

《人物》：爱从何而来？怎么去爱别人？

许倬云：互相体念。大家和气温馨，如果有误解，说清楚，不要闷在肚子里憋着。我们不争物质上面的报酬，不争金钱上面的报酬，不争虚荣，不争光彩，争的是人跟人的相互理解、原谅和伸与援手。所以人跟人交往，不是吃喝玩乐，不是利益交换，是有人觉得你可靠，有人你觉得可靠。不要去寻找利益相共的人，去（寻找）情感的共鸣人。

《人物》：关于未来，您想和大家说什么？

许倬云：年轻朋友们，心里的良心，是天下最宝贵的东西，由你这个良心引起别人的良心。许多良心在一起的时候，我们（世界上）四分之一人口，撑得起半个天，不但为我们自己，为我们全体，勤劳，诚实，人跟人相爱，人跟人相助，开个新天地。

我的不幸（残疾），变成我的幸运，因为我能专心念书。上帝给我这些东西，我要用完它，为中国，为世界，为人类，我一条命没关系。

92岁的人给你们鞠躬了，请你们相信我的话是诚恳的，打心底里面说的话，救自己就是救国家，就是救世界。我也盼望国内占优势的人，听了我这些话之后，想一想自己能带动的，拿自己获的利益放开在一边，做这火车头，拉世界，拉中国。我托你们了。

曾孝廉……

草木之心

文＼安小庆　编辑＼姚璐

只有孤独的时候，你才是你自己。

——曾孝濂

在曾孝濂和同人们的工作之前，中国山川大地上的草木花朵，还从未历经过如此细致、庄严的观察、注视和描绘。

熟悉得太晚

一间朝北的屋子，窗户向北，光源稳定，适合长期画画的人。房间陈设极简单，一张工作桌，两张单人床，一只置物柜，没有沙发、电视、厨房、阳台。

正是午餐时间，曾孝濂放下画笔，和妻子张赞英下楼，去一楼食堂吃饭。他82岁了[①]，牙齿不行，到了打饭窗口，两人迅速把饭

---

① 本文首发于2021年。——编者注

菜的软硬程度评估了一番。

"这个蚕豆粑不粑？"

"看上去还可以。"

今年春天，曾孝濂和张赞英带着两只行李箱，从城中翠湖边的老房子，搬到了昆明北郊的中科院昆明植物研究所专家楼。这里距离市中心有11公里。选择在这一年搬回所里，主要是为了节省时间。

三月，所里培育了二十多年的野生兜兰，终于开花了。四月，野生菌冒头，国内研究真菌的著名学者，同时也是曾孝濂看着长大的后辈杨祝良，又发现和命名了几个牛肝菌新种。

对植物学家们来说，发现新种或人工培育成功野生种，是这份工作中最值得欢呼的时刻。自18世纪林奈创立动植物命名法，19世纪达尔文开创现代生物学以来，一篇关于新种的论文，除了包含文字、数据和照片外，还必须提供一幅由画师手绘的植物标本图。这是科学界不可动摇的身份认定仪式。

只是当下，这个仪式遇到了不小的困难。整个中科院昆明植物所，包括国内几乎所有相关科研机构，早就没有了专职的植物绘图师。焦急的学者们不约而同将电话打到已经退休了23年的植物画师曾孝濂那里。无论如何，他们都希望老先生能帮忙完成标本图。

曾孝濂被称为中国"植物画第一人"。从20世纪50年代末至今，他与中国几代植物科学画从业者一起，耐心而又虔诚地为大地上的植物挥毫作像。

从 20 岁到 82 岁，曾孝濂将生命的绝大部分光阴，用来为《中国植物志》《中国菌类志》《云南植物志》《西藏植物志》《香港植物志》等数十部大型志书和几代中国植物学家的研究工作绘制标本图。

在他和同人们的工作之前，中国山川大地上的草木花朵，还从未历经过如此细致、庄严的观察、注视和描绘。他和他们，也因此为中国植物学、基础国民志书的编纂和生物多样性的保护做出了极大贡献。

一条漫长的路从 20 世纪 50 年代延伸至 21 世纪 20 年代，路上似乎只剩下一位独行的老人。

两年前，医生在曾孝濂的肺部发现恶性肿瘤。手术后，曾孝濂意外发现双手没有发抖，还能继续画画。在各种有限性 —— 疾病，衰老，生命终点的必然到来，植物画这个行业本身所面临的危困境况 —— 的包围，以及死亡暗影与创作灵光带来的巨大张力中，他更感到一种迫切了。

自肺癌手术后，妻子张赞英发现，每当散步或者乘坐公交，曾孝濂的右手总在空气中模拟绘画动作。等人时，他会望着空中的树叶发呆。她知道，那是他在抓紧一切时间，记住不同树干和树叶的纹理、质感。

"他就觉得不知道什么时候，哪一天，他就倒下起不来了，也不知道哪一天手会抖，眼睛会不行……"

青年和壮年时代，为还原标本背后的生命原力，他与花开的速度赛跑，与飞鸟扇动翅膀的节律赛跑，现在，他想要跑赢的还有癌细胞的增殖速度。

2021年的春天和夏天，曾孝濂日日坐在窗边画画。他睡眠一向不佳。夜里，如果三点之前醒来，他就吃半颗安眠药继续睡。如果过了三点，他便起身工作。

紧紧攥住的时间，在画纸上昼夜更替。妻子张赞英，多年来都是他作品的第一位观众。她看到了比以往更充沛的光，甚至从花叶中读出一种"依依不舍"，"就是他自己觉得，如果不给它画好，他就对不起它"。

在小楼之外的世界，曾孝濂全然不知自己已成为互联网上的新晋网红。过去十年，"读库"为曾孝濂出版了《云南花鸟》和《花叶》两本画册，当画册传到网上，年轻的网友们惊讶地发现，原来中国也有如此杰出的博物画家。

"花从纸上开出来了。""这比照片更有生命力。"网友热烈地讨论和购买，让暮年的曾孝濂和作品一起慢慢从业界溢出，大众又重新发现了这位"植物画第一人"。

"曾老师被大家熟悉得太晚，"作为第一位向公众推介曾孝濂植物画创作的出版人，"读库"创始人张立宪觉得，"如果曾老师能够更早地出现在公众面前，说一句夸张一点的话，我们生活中的美、愉悦和欢乐会更多一些。"

遥远的老师

四月的昆明，空气里流动着太阳烘烤花朵后的甜蜜暖香。从市中心前往昆明北郊，马路两边的植物和花树，逐渐野性无状起来。

洋槐和紫藤的花瓣落满步道。滇楸和泡桐的花朵，在午后阵风中坠落，砸在行人的肩头和帽檐，咚咚作响。藤本木香和蔷薇抱杂在一块，无尽的白色粉色花朵，瀑布一般从高大的乔木和围墙上垂下。

第一次走进这片园子，曾孝濂20岁，那是1959年的秋天。前一年，他刚高中毕业。

整个班级，只有三位同学没有收到大学录取通知书，他是其中之一。不是因为成绩不佳。1957年"反右运动"，父亲因牵涉历史问题被带走。他也因此没能进入大学。

在对未来的迷茫中，有一天，他收到一封来自中科院昆明植物所的招录通知。信里说，他可以去植物园，以学徒身份半工半读。上班之后，他才知道，是一项名叫《中国植物志》的编纂工作，改变了他的人生。

1959年，中国开启《中国植物志》《中国菌类志》《云南植物志》等多部基础性国民志书的编纂工作，旨在"摸清家底"，为国境线内的所有山川草木建立一手、完备、准确的户口簿和信息库。

作为中国植物资源和生物多样性最丰富的地区，中科院昆明植物所在这项庞大的国家任务中，承担重要作用，急需大量为标本作图的绘图员。

当时的副所长蔡希陶在招聘中发现，专业美术院校的学生，都对这个看上去单调和枯燥的岗位不感兴趣。后来，蔡希陶想，何不去招录一批家庭成分不佳但成绩优良，渴望一份正式工作的高中毕业生呢。

在当时的社会氛围中，这无疑是一种冒险。但蔡希陶告诉同事：这是不拘一格找人才，将来如果有事，我担了。

与西方大航海时代诞生的探险家、植物猎人、随队画师不同，中国的植物画师，是为完成《中国植物志》这个国家任务而出现的。西方画师多来自资产或学养丰厚的家庭，而中国的画师，多是半路出家的社会零余人。

许多偶然汇合到一处，曾孝濂在昆明北郊的园子里开始了新生活。小学时，他就喜欢画画。有同学安装了一台简易幻灯机，他负责画了一组连环画。初中时，他为学校画黑板报。进入植物所后，因为绘画特长，他被分配到绘图组，开始专门学习植物科学画。

第二年六月，所里派他去广州的中科院华南植物研究所学习半年。业务处的同事帮他提前联系好了华南所的前辈老师。然而，在广州苦等半月，老师才出现。对方性情桀骜，不仅没有如约教授他绘画技法，也不愿将作品借给他临摹学习。

曾孝濂不得不提前返回昆明。他当时负责陆生植物中较大的科类，唇形科。未能学到技法，他心里焦急。清晨，他爬到元宝山去观察荆芥、百里香等野生唇形科，下午去图书馆翻阅前人画作。他恳求图书馆负责开关门的同事，允许他夜晚前去加班。

幸运的是，在图书馆的资料室里，曾孝濂为自己找到了一位古老又遥远的老师——英国皇家植物园邱园出版的刊物《柯蒂斯植物学杂志》。这本创刊于1787年的杂志，至今已发行230余年，是全世界历史最悠久的植物学杂志，也是植物分类学和植物科学画领域最权威的刊物。

在一个人的深夜图书馆，曾孝濂拧开自带的小台灯，翻开桌上那些快200岁的古老羊皮封面。那一刻，诞生于地理大发现和帝国扩张时期的古老博物画，与中国西南边陲一位窘迫的20岁青年相遇了。

透过一层一层叠加的颜色和线条，他逐渐读懂了怎样用线条去表现植物的粗细、疏密、软硬、明暗。在《柯蒂斯植物学杂志》登载的所有插图中，他最喜欢的是黑白墨线图。

杰出的黑白墨线图，同时拥有精确的科学性和隽永经典的美感。正如伟大的博物学家洪堡曾描述的，那是"来自科学和美学的双重注视"。

墨线图主要有平行线和打点两种画法。打点容易上手，但耗时漫长。平行线优美耐看，但需要坚固的基本功。有一年多的时间，曾孝濂白天去野外写生，傍晚揣着水和面包去图书馆，在废弃的纸张上徒手画平行长线。

"画平行线，心要特别静。心一咯噔，线碰一块儿，这张画就废了。"

因为家庭的原因，少年时代，压抑和沉重的气氛包围着他。他习惯了孤独。上学时最爱的是画画和看书。自从去广州学习碰了钉子，他更喜欢一个人待着了，他甚至觉得，孤独应该成为生活的常态，"只有孤独的时候，你才是你自己"。

好在，命运将他挑选进入一个同样孤独和沉静的职业。每一株标本，每一幅插图，每一条平行线，都只能由自己完成，没有任何人能够分担。在这种孤寂中，他反而获得了从未有过的宁静。

通过勤勉的自学，30岁后，他成为整个植物所最出色的画师，被任命为绘图组组长，此后一直担任这个职务，直至退休。

他和同事的办公室，位于植物分类室大楼内的标本馆。一间长条的屋子，摆了八九张桌子，桌上摆着镊子，放大镜，解剖刀和显微镜。看上去更像一间教室或者手工作坊。

为植物画标本图，写实是第一原则，不能自由发挥。腊叶标本送来时，早已干枯变形。曾孝濂和同事们要做的，就是依照腊叶标本，尽力恢复植株原有的姿态和风貌。他们将花朵和叶片取下，放到烧杯里煮开，再将花瓣、雄蕊、雌蕊、子房、鄂叶，逐一放到显微镜和放大镜下解剖观察。

在志书和论文中，植物学家用文字描述植物的特征。然而文字远没有图像直观和更具物种分辨功能，因此，全世界的植物志书都必须配上精准的手绘标本图。

中国有3万多种植物。要将它们逐一编档成图，对当时参与《中国植物志》的312位植物学家和164位绘图师来说，是一个几乎看不到尽头的浩大工程。

一位植物分类学家或一位绘图师，往往终生只能钻研一科或者几科的植物。所有人都知道，这项工作，此生不一定能眼见它完成——它是一项需要几代人去接力的国家任务。

与花开赛跑

这项国家任务因"文革"停摆了十年。1977年，《中国植物志》编纂重启。植物所又缺画师了，曾孝濂成了那个去招考新画师的人。

那时，19岁的少年杨建昆，在昆明一家电影院画海报。他顺利通过了曾孝濂的面试和笔试。从市中心热闹的电影院来到北郊荒僻的山林，他大失所望。几个月过去，他对这份工作依旧提不起一点兴趣。

一天下午，曾孝濂把他带到图书馆。眼前是数百年前甚至千年前就绘制出的精美画作。在植物与人类共同创造的文化遗存前，曾孝濂告诉杨建昆，为一个国家的植物志画图，"这样的事，一生也很难遇到一次"。

它的意义不仅是对个人而言。杨建昆记得，那天，老师"把它提得很高很高，就是我们做的这个事情，实际上是对地球上的人，对地球上所有的生物都有贡献"。从那天起，他沉下心来。

那时的画师们多用小紫规笔作墨线图。这种小毛笔，是中国第一代植物科学画家冯澄如先生用传统毛笔改造而来，十分适合表现植物的线条和气韵，但需要深厚的基本功。

所里已经退休的植物学家宣宇，当时与绘图室毗邻办公。那时，他常常看到曾孝濂领着大家进行技能竞赛。

"每人用一米长的尺子，在纸上画两条间距2毫米的平行线。接着，所有人用毛笔在两条平行线之间徒手画第三条线。谁画的线平行于上下，粗细均匀，没有断点和凝滞，谁就是冠军。"

宣宇记得，那时常得第一的是一位叫吴锡麟的绘图员。曾孝濂评价他手腕稳健，气息均匀。后来，这位画师特别擅长画苔藓，那是业界公认的最难画的物种之一。

这样的竞赛还有加强版。有时，曾孝濂会找来一叠旧报纸，让大家在两行文字的间距中，用小毛笔再画出7条不能中断的平行线。

关于平行线，杨建昆记忆最深的是，曾孝濂曾说，"平行线要挺，就像拉开的弓，你一放，它会弹回去，没有丝毫犹豫。"那是生命力在植物身体内的通达和流畅。

在重视基本功外，曾孝濂在职业生涯中做出的最大创举，是力主绘图人员必须通过写生，去还原标本背后的生命力。

中国第一代植物画师，诞生于20世纪初。随着近代西方植物分类学的传入，中国植物科学画的奠基人冯澄如在其著作《生物绘图法》《中国植物图谱》中，首次引进硫酸纸画法。

硫酸纸，又叫拷贝纸或半透明临摹纸。把它放在标本之上，原样勾勒出植物的线条和形状，可以实现对标本的复印式描画，准确但死板。

在整个70和80年代，硫酸纸画法占据国内主要科研院所的主流。只有曾孝濂担任绘图组长的昆明植物所，是例外。

"如果都用硫酸纸的话，还要我们做什么？"曾孝濂对"人"本身充满信心，"需要我们，是因为我们能做得更好。"为了做得更好，他倡导下笔前，一定要去自然中找到相似或同一物种去观察、写生。

杨建昆回忆，曾孝濂改革的渴望和对传统的打破，在当时引发了不少同行的抵制和批评，因为"大家基础各不相同，很多人是做不到的"。

曾孝濂坚持发动了这场行业内的革命。在担任中科院昆明植物所绘图组长的33年里，他没有申请也没有允许同事买过一张硫酸纸。他尊重行业前辈泰斗冯澄如先生，但不赞成他的方法。

正像当时所有的国家工程一样，植物志的编纂进度十分严格。增加写生后，完成一幅图的时间从三天延长到一周左右。

令曾孝濂意外的是，当时植物所的领导 —— 著名植物学家蔡希陶和吴征镒先生，都很支持他"把植物画活"的想法。老先生们并不催促，有时还会加入进来，和他们一起解剖标本。

在当时的昆明植物所，曾孝濂是唯一一位可以自由采摘鲜花的员工。那时，他不仅参与志书，还负责为昆明植物园绘制彩色版的《茶花图谱》。

为了在纸上留下茶花最美的状态，有三个月的时间，曾孝濂每天都在与花瓣打开的速度赛跑。

天刚亮，他爬起来，跑去植物所对面的花园摘下一枝茶花，插到绘图室的瓶子里。接着跑去食堂吃早饭，七点半回到桌前。花从枝头摘下那刻，每一秒钟都在缓缓展开。画得慢了，本来向上的花瓣渐渐朝下，那么最终纸上画出的，就不再是他想画的那一朵。

曾孝濂的经验是，不能构好整幅图再画，必须从最靠近眼睛的那枚花瓣画起，一瓣一瓣追赶过去，留住整朵山茶花最美丽近永恒的一刻。

一上午，不喝水，不起身，中途不休息，不上厕所，画得时间都忘了。一个上午过去，一朵山茶的造像基本完成。而画花的那个人，浑身发抖，热量都消耗光了。

那时，学生杨建昆并不太能理解老师的"执拗"。"其他人包括我自己都会觉得，花开了就让它开吧，反正最主要的六个花瓣，我已经表现出来了就行了。可是曾老师不一样，他追求完美，因为那个时候花半开不开是最美的，同时又能看清楚花的结构。"

同一时期，曾孝濂的同事、好友，中国真菌类研究的奠基者臧穆先生，正负责编纂《中国真菌志》和《中国食用菌志》。臧穆常将野外采集来的蘑菇标本送去绘图。

采摘下的蘑菇和鲜花一样，会继续在空气中生长代谢。那时相机和彩色胶卷都是稀有物资，绘图员只能趁蘑菇还新鲜时快速作画。

曾孝濂是其中画得最多、最好也最快的那位。新同事画一幅的时间，曾孝濂能完成三幅。他在云南红土地上长大，从小酷爱吃菌子。回忆为臧穆画标本的那几年，曾孝濂很快乐，"只要速度够快，画完了菌子还是新鲜的，就可以带回家吃掉"。那实在是人间少有的乐事，但这样的快乐，只有他能做到。

半个世纪过去，臧穆已离开人间远行，留下一摞厚厚的滇藏山野考察笔记 ——《山川纪行》。他当年的学生杨祝良和王立松，也都从曾孝濂眼中的少年，变成了现在的"小老头"。

2020年和2021年的夏天，臧穆的这两位学生 —— 目前国内最著名的真菌和地衣学者，分别提着一篮子野生菌和拿着几张地衣照片，找到了曾孝濂。那是他们在过去两年中，各自在野外发现的牛肝菌和地衣新种。

发现新种是做科研的至高快乐。他们都决心要为新种写一篇漂漂亮亮的论文。曾孝濂是在员工食堂听到这些好消息，他一边吃酸奶，一边兴奋地宣布：那我也要画一幅漂漂亮亮的图送给你！

"作为一个工具"

一定要在蘑菇新鲜的时候画下它，一定要跑赢花瓣打开的速度，一定要抓住那个物种最完美庄严的时刻。这种迫切，贯穿了曾孝濂为植物作画的六十余年。

《中国植物志》的绘图工作，无疑是其中最明亮也最辛苦的部分。在曾孝濂的带领下，得益于云南的生物多样性和四季都可写生的自然条件，整个昆明植物所绘图组渐渐超拔于国内其他机构，被评价为"技艺高超，极富创造力"。

20世纪80年代，曾孝濂开始担任"中国植物学会"植物画专业委员会主任，他一直高蹈的"把植物画活"观念，最终给整个行业带来了真诚和勇敢的变革。

1997年，曾孝濂退休。此后又过了七年，直至2004年，《中国植物志》的编纂方才全部完成。从20世纪20年代开始酝酿，1959年正式启动，四代中国植物学家和植物画师，用80余年的漫长岁月，完成了对中国大地上所有植物的身份识别和记档工作。

《中国植物志》全书80卷，126册。其中5000多万文字，9000余幅插图，记载了中国301科3408属31142种植物的名称、特征、分布、物候，是中国植物的第一部百科全书，也是目前世界上已出版植物志中，规模最大、物种数量最丰富的一部。

在志书编纂的大半个世纪中，共有80多家科研机构的数千名员工参与进来。其中，共有164位植物绘图师。是他们，用画笔细致描绘了3万多种中国植物。

曾孝濂的一生几乎与这部志书的编纂过程重叠。在为包括《中国植物志》在内的50多部志书画图的职业生涯中，他一共完成了

2000 余幅黑白墨线图——这占据了他"整个生命大概百分之八十的有效时间"。这同样也是中国几代植物绘图师共同的生命状态。

在这项巨大国家工程彻底完成的二十年后，走进昆明植物所图书馆，126 册墨绿封皮《中国植物志》在架上的完整陈列本身，就如同一片沉静、清凉的森林。

从书架上逐本搬下这套沉重的百科全书，大约要花费一整天的时间。仔细翻阅每册志书的署名信息，会发现，曾孝濂参与绘制了以下科的数百近千种植物：

杜鹃花科、紫金牛科、天南星科、葫芦科、唇形科、茄科、紫葳科、藤黄科、秋海棠科、苦木科、槭树科、罂粟科、石蒜科、芭蕉科、禾木科……

植物志的插图均为黑白墨线图。由于版权意识的局限，最早出版的几册《中国植物志》，并未在每张插图下署上绘图师的名字。

《博物》杂志编辑、博物画家李聪颖，酷爱墨线图。在她眼中，曾孝濂为《中国植物志》所作的墨线图，"线条特别过瘾，特别帅气，平行线排得像机器针脚打出来的一样"。即便没有署名，看过他作品的人，依然一眼就能从图中读出"曾孝濂"的名字。

"墨线图上，最能看出谁是大师。"作为分类学家，宣宇常年和植物待在一起。但他承认，"我们研究植物的，恐怕都没有他观察得那么细"。在线图里，他感受到曾孝濂对眼前的对象物，"充满尊敬、虔诚，甚至敬畏，就像对待人类自己一样，来画面前的植物"。

在曾孝濂退休后，学生杨建昆接替他担任了绘图组长。回想几代绘图师都将人生最葱茏的年华用来为植物造像，杨建昆觉得这项工作最有况味的地方在于：

"对于自然，植物科学画是以一种谦虚、安静的态度来细察的。它对所有的植物一视同仁，不论野草还是玫瑰、牡丹，它们在《中国植物志》里的待遇都是相同的……"

然而这种"平等"，并未发生在这些植物画师身上。随着《中国植物志》《云南植物志》等大型志书在21世纪初陆续完成并出版，国内所有科研机构都撤销和解散了绘图组。

以昆明植物所为例，绘图组撤销后，仅保留一个编制，其他人员或分流去图书馆，或离开植物所自谋出路。在全国范围内，植物画师的数量从巅峰时期的200多人，锐减到不足10人。这个行业瞬间从鼎盛走向末路。

事实上，在剧变到来之前，画师们早已习惯了边缘的生存状态。一位昆明植物所的员工回忆，画师当时的地位很低，"跟锅炉工差不多"。在植物研究领域，科学家觉得他们是辅助，画工程图的；在专业美术领域，艺术家们觉得他们没有自我，像复印机一样死板。"总之，两边都是轻视，都是边缘。"

北京大学哲学系教授、国内博物学教育最持久的推广者刘华杰，曾在翻阅多部志书后发现，许多志书的插图根本没有署名，中国植物科学画创作者的劳动并没有得到完全尊重。

为更深入了解植物画和博物学的历史，我向刘华杰教授发去采访提纲。他回复的文档，文字沉稳，唯有在谈到绘图员的命运时，他的语气变得激烈起来：

"这一点我必须明确指出来。现代科学卸磨杀驴，用过画家之后，全然不尊重他们……近现代科学家在编写植物志、动物志、昆虫志时想到了这些画家，过后根本不在乎他们，甚至取消了相关的岗位设定。现在发表新种时偶然还想到，其他时候全然忘记了他们……"

2009年，《中国植物志》获得国家自然科学奖一等奖，此前一等奖已连续空缺两年。然而，在10位获奖人当中，没有一位植物绘图师的代表。

每谈到这个话题，曾孝濂总忍不住发火："怎么能那么大一个工程，有的人从开始做到死，然后你们就把这部分人纯粹作为一个工具？"

他们留下的原稿也正遭受类似的命运。2010年和2014年，北京多个拍卖会上，相继出现了植物画原稿拍品。最终，每幅原作以平均100元到500元左右的价格落锤成交。在这些莫名流出又被廉价出售的作品中，就有曾孝濂当年为植物志所做的插图原稿。

不只一位采访对象，在谈到这些被粗暴对待、廉价拍出的植物画原作时，感到痛心和愤怒。也有人告诉曾孝濂，当年大部分原稿，在出版单位的一次搬家过程中毁坏了。曾孝濂的一生，经历过许多建设和破坏。2018年，他和126册《中国植物志》一起出现在央视《朗读者》节目中。

站在舞台中央，曾孝濂说："很多画师为《中国植物志》画了一辈子，今天，我代表的是这个默默无闻的群体。"

不给就是不给

曾孝濂很快打破了这种沉默。退休后，在一次与美术家协会的画家们开会时，他不客气地告诉对方：我为你们感到惋惜。

"为什么？《植物志》《动物志》是国家的志书，在欧美国家那都是很好的画家来画……如果当时的美术家们有一种理念，责无旁贷地参与进来，那么我们携起手来，一定会做得更好，你们错失了一个历史机遇。"

在整个职业共同体无可避免地走向末路时，曾孝濂发出一些刺耳的声音。他并不像人们表面看到的那样，一个温驯的老好人。

年轻时，组里有人拖稿或者浪费纸张，他会发火。退休后，活动结束吃饭，在座的画家们互相打听，"你润笔多少，我润笔多少，噢，你一平尺五万，他一平尺十万"，要不就是问"你哪个派的？你跟谁师承？"曾孝濂觉得厌烦，统统回答，"我就是个画标本的"。

昆明植物所原来有一位领导，"几十年里，说话滴水不漏，把自己包裹得特别严实"。曾孝濂不喜欢这种言行不一，"看上去一点毛病都没有"的人。

过去半个世纪里，所里凡有同事结婚或出国，他都会主动送去一幅作品。唯有这位老领导，跟他要了三次画，曾孝濂都没有回应，"我不给就是不给"。

刚参加工作那年，他去广州学习受挫。很多年后，他与那位前辈在一次会议中遇见。其间合影留念，前辈站在第一排中央，隔着人群几次挥手叫曾孝濂过去，"意思是师生之谊，站在一起"。曾孝濂没理他，一个人站在了后排最左边。

他有坚固的自我原则，但也并非悭吝刻薄。壮年时期，他曾有两次机会调动去云南画院和中央工艺美院。对一直备受歧视的植物画师而言，这是宝贵的转型机会。

忘年交好友王立松知道，曾孝濂那时是动心的，但想到自己是绘图组组长，如果他走了，会极大影响志书的进度，最终没有去。

除了早年间，因经济拮据向海外卖过一批画，20多年来，曾孝濂再未出售过一张画作。他和家人决定，将所有作品捐赠给浙江省自然博物馆，以便后人观览、学习和超越。

只是在2000年后的十几年里，曾孝濂都没能在这个领域再见到年轻人。直到2017年，第19届国际植物学大会在深圳举办期间，曾孝濂的画展收到热烈反响。他意识到，植物画或许并未真正走到绝境。

在"自在博物书店"创始人宋宝茹等朋友的协助下，曾孝濂在北京无偿为来自全国各地的20余位博物画爱好者上了三天课。这些年轻人后来都成为了他的学生。

余天一是其中之一。他从高中起跟随曾孝濂学画。前年秋天，他从英国邱园研究生毕业。大半个世纪前，正是邱园的《柯蒂斯植物学杂志》将曾孝濂带进植物科学画的世界。现在，余天一成了这本杂志的供稿画师之一。

学者刘华杰认为，相比曾孝濂"世界一流且具有中国特色"的博物绘画技艺，他在培养后辈、接续绝学方面的贡献，"目前可能是被低估的"。刘华杰相信，"历史也会记住这一点。"

曾孝濂暂时还顾不上历史。这几年，刚和年轻人们一起将濒临灭绝的行业拽上岸来，他们又迎面撞上了另一重危机——数码照相和高清摄影的发展，让植物科学画不日将被摄影彻底取代的声音，成为业界最大的恐慌。

1997年退休时，曾孝濂已经开始面对这个有关"终结"的话题。那时，植物志进入收尾阶段，新组长杨建昆想改行去做摄影。曾孝濂强烈反对，理由是，"摄影人人都能做，植物画不是"。

杨建昆听了老师的话，一直画到今天。他以老师早年画过的木棉花为例，植物画可以同时呈现枝干、花叶、花苞、花冠、雌蕊、雄蕊、子房，以及棉团炸开时的果实，这是摄影做不到的。

刘华杰也赞同这种看法，"只有植物科学画可以打破时空和宏观微观的束缚，将植物每个器官和每个生长周期，准确、错落地布局在纸上，这是ps或者全息照相也无法达到的效果。"

2020年冬天，曾孝濂完成了王立松拜托他作的地衣新种图。图上，地衣生长的半透明岩石，肌理清晰可辨，这是虚化背景的大光圈做不到的。

王立松将这两幅全中国仅有的地衣标本图裱起，挂在办公室的墙上。看到他发在社交网络上的图片，很多国外同行问他：这是谁画的？能不能请他也帮我画一幅？

"不可能，他下面没有人了"。王立松觉得，即使是曾孝濂的学生，短期内也无人能达到他的技艺和化境。

曾孝濂将许多原稿和画册，存放在王立松家。王立松知道，这位老朋友画过全世界只剩下5棵的百山祖冷杉，这种植物在世界上已经生存了两亿多年；画过被称为植物活化石的珙桐，这种植物是6000万年前新生代第三纪的孑遗；画过雨林中最古老的华盖木，这种植物起源于1.4亿年前，比大熊猫还要珍贵和极危。

"画了这么多种珍稀植物，其实他自己也是濒危物种啊。"坐在地衣新种图下，王立松感慨。

云南有一种珍稀的高大乔木，美丽桐。它的科属问题一直存在争议。2019年年末，中国几位植物学家发表文章，主张美丽桐独立成科，得到国内外学界的认同。

文章发表时，还没来得及配标本图，只附上了电子显微镜下的分子生物学照片。2020年5月，昆明植物所从边境地区采回美丽桐的枝叶和花果。

标本送到曾孝濂家时，离开树干三天的花枝，已全无精神。曾孝濂用两天多的时间，将疲惫的美丽桐复活到了画纸上。

"读库"编辑杨运洋在看完实物和画后感慨，"不是要让大家看曾老师画得有多美，而是想回答一个问题：在影像如此发达的时代，以写实为根本的生物科学画还有没有存在的价值？"

自然的宗教

这个关于存在的疑问，更深处指向人与创造，人与博物学，人与自然以及造化之间的根本关系。

18世纪伟大的博物学家和科学家洪堡，在《去往新大陆赤道地区的旅行》和《宇宙》中曾写道，对自然"科学和美学的凝视"，是理解宇宙的必经之途，之后也必将成为一种"自然的宗教"。

更遥远的公元前6世纪，孔子在评价《诗经》时说，"多识于鸟兽草木之名"。《诗经》记录了113种草，75种木，39种鸟，67种兽，29种虫，20种鱼。曾孝濂认为，这是中国最早的博物学。

著名史学家钱穆也曾对"多识于鸟兽草木之名"进行阐释。在《论语新解》中，他认为，"若大言之，则俯仰之间，万物一体，鸢飞鱼跃，道无不在……"

在与植物为伴的一生里，曾孝濂曾无数次体会到这种"道无不在"。60岁那年，国家邮政局请他创作一套高山花卉邮票。曾孝濂和杨建昆等几位好友，一起开车前往滇西北的雪山寻花写生。

6月，是高山花卉一年中最恣肆的盛宴。一路上，他们在草甸中看到无尽的龙胆和报春，待用尽胸腔最后的气力爬到海拔4500米以上的流石滩时，终于找到了此行的终极目标，数百年来令所有探险家和植物爱好者迷狂的生物——绿绒蒿。

"造物者造出一朵花。它的花瓣那么薄，像最薄的绸缎在阳光下微微颤动，在低温缺氧、行动迟缓的高原，所有一切整个压抑收缩的状态下，它竟然如此张力四射，那分明是一个幽灵……"

在随身携带的笔记本上，曾孝濂这样描述他和绿绒蒿的第一次面对。有一刻，他甚至听到它在跟他说话，"当然可能是风，但是它真的在向我呼唤，你看我，你看我啊"。

他趴在流石滩上看了一个小时。山风吹走帽子，他不愿跑开去捡。下山时，头顶脱了两层皮，晒成咖啡色，那几天大家都叫他"戈尔巴乔夫"。

他们都不舍得离开。"自然，太伟大了"。曾孝濂觉得没有人会不为之所动，"要是不为所动，那我认为，他的灵魂一定有问题"。

正是基于这样的物我互动和"主客交融的心灵体验过程"，曾孝濂认为，植物绘画乃至博物学永远不会被技术和摄影取代。

他最爱苏轼对此所作的描绘：惟江上之清风，与山间之明月，耳得之而为声，目遇之而成色，取之无禁，用之不竭，是造物者之无尽藏也……

几乎每一位采访对象都向我描述了类似的时刻——在某一刻，作为个体，Ta感受到人与造化、人与自然无尽藏之间深刻的召唤和连结。

余天一北京的家里，有一片大都市中罕见的蓬勃花园。那是他从中学起，一点一点为自己建造的植物乐园。每个假期他都会出去看花。今年夏天，他追着花期，一路去了云南、新疆和西藏。

很多时候，这位植物分类学硕士和植物画师依旧会感慨大自然的神奇。植物花朵的颜色，本质上与生存环境和传粉者有关。人类并不是它的传粉者，但人类却是哺乳动物中少数几种拥有红色、橙色视觉的灵长类，所以人类才能将红、绿两色分开，进而可以欣赏红色和橙色的花朵。

余天一感叹，人类是多么幸运，"正是这个生物进化史上的巧合和意外，让我们人类能够感受到花的美。"

在相隔2600公里的昆明，地衣学者王立松的庭院，也种满了各种花树。每年夏天，王立松带着学生去青藏高原和横断山区科考。很多时候，学生不能理解他在野外时的一些奇异表现。

一次爬山途中，王立松从海拔5000米的高度突然加速。一种综合的直觉告诉他，山顶的岩石上一定存在一种他找了40年也没找到的地衣。爬到中途，两个学生坐地上崩溃了：老师你是机器吗？

神奇的是，他们真的在山顶找到了那种地衣。

植物所的青年学者张全星，是云南本地人。平日，他爱开玩笑并从不写诗。但奇怪的是，每到热带雨林，他就会写诗。"真的，控制不住啊，到红河金平的时候写了，到西双版纳又写了，那种内心的冲动啊，你没有办法克制，只能通过一种形式表现出来，我画画又不行，只能是写诗了。"

这种不由自主的狂喜，植物学家宣宇也体会过许多次：在大火烧遍的山林，某场雨后，先锋植物从黢黑的草木灰烬里窜出；当幸运地能够在7月，仰面躺在高山草甸的花海之中，天空云彩飘动，旁边是一只鹰，那时整个人会飘起来，不断地往上飘，眼睛渐渐可以看到宇宙越来越深，越来越深的地方……

那一刻，宣宇觉得作为一个人，能够在这个星球上看到这么多美丽的造物，"实在很荣幸"。作为植物学家，他体会到一种深刻的连结，"你跟植物是共生的朋友，是亲人，是由于它的存在，才有了你的存在"。

这样的顿悟不只发生在植物学家身上。在转行学画画前，李聪颖过着一种和现在截然不同的生活。大学里，她研究化学。毕业后，很快结婚生子。在辽宁一家博物馆，她顺利从讲解员一直做到副馆长。

生活和工作顺着主流航道快速向前，但她总觉得迷茫。"有时候也哭，想知道我的人生到底要干啥，生活看上去挺好的，但好像不是我想要的。"

2014年，很久不看书的李聪颖，看完了学者刘华杰的著作《博物人生》。那一年，她36岁，突然感到有一束光向她照过来，"那个召唤感强烈到，就觉得不那么做，你就会后悔，会死，死之前都不瞑目的那种感觉。"

她模糊地预感到，生活河流之上的浮冰融化了。博物学唤醒了她。她想起童年，河南老家的春天，村庄弥漫泡桐花的甜香，杨树叶在风中哗啦啦响。从那时起，她开始自学博物画，每天观察记录身边的植物。几年后，她去《博物》杂志做了编辑和职业插画师。

刘华杰太熟悉这样的故事了。几乎同样的干涸感受和觉醒时刻，也发生在他的生命中。他从小在东北长白山的林区长大。哪一片林子何时出产哪一种蘑菇，小小的他比大人清楚。

后来，他考上北京大学。城市和学院生活让他逐渐与自然远离，甚至隔膜。直到博士毕业后的一天，童年记忆突然被唤醒。他从钢筋水泥和抽象理论构筑的世界，果断拔腿离开。

此后，他从抽象哲学转向博物学研究和推广。不上课的日子，他徜徉在自然中，为身边和遥远的植物写下《燕园草木补：识花认草手册》《崇礼野花》《天涯芳草》《勐海植物记》《檀岛花事》。甚至每年招收硕士和博士时，他都有一个明确的要求：首先要真的喜爱大自然。

在刘华杰看来，自然对人的召唤近似于某种宗教信仰。在自然中，人感到自己完整了。因此古老的博物学是"使人成为人"的全人教育的一部分。

而与博物学相关的植物科学画，必然也是自然这座"无宗教人士的教堂"里永远的组成部分。而这，或许也是诞生于集体工程时代的中国植物画，从国家任务完成后的寥落末路，走向更广阔自由道路的开始。

决定性时刻

眼前的丛林仿佛不属于人间。

钻行在层叠遮覆的枝叶下，阳光是最早消失的。人折仰脖颈所能看到的最高点，是望天树洒开的巨大树冠。哪里有一束阳光侥幸穿过密林，哪里就有一种植物急着去接住它。为了截获阳光，叶片有时会长到两米。

接着消失的是尺度。望天树足有二十层楼高。在它之下，龙脑香，四树木，罗望子，大榕树，一层一层一层占领余下的空间。人一时间像被施了魔法，变成了小人国里的小人。

目之所及全是生命欲望的狂野幻化和无尽绿。为适应高温多雨，菩提树进化出了细长的滴水叶尖。同样机灵的硬叶兜兰设计一条陷阱——当昆虫钻入花朵，唯有顺着规定路线爬出才能活命，而当它钻出时，背部一定会沾到雄蕊的花粉。

这里同时是野生动物的王国。午后，亚洲象庞大的身躯如远古壁画一般，缓缓在密林中移过。倘若在林间露宿，篝火会把附近的马鹿、野猪、金钱豹吸引过来。若是树冠晃动，枝叶沙沙作响，就是猴子来了。

20世纪60年代的最后几年，猴子们或许已经习惯树下坐着画画的那位年轻人。

1967年，为完成代号"523"的特别国家任务，28岁的曾孝濂作为随队植物画师，与近千人一起进入西双版纳的原始森林。他们要在热带雨林中寻找一种能够治疗疟疾的新药，完成一本可食用和药用植物的详细图谱。

雨林空气湿热，每画完一部分，曾孝濂都要停下来，等颜料变干。树上的猴群见他静坐不动，胆大的几只常来搞怪。叶片和果实落下，他无法工作，只好捡起几块石子回敬过去。

他的四周，仿佛一座移动的诺亚方舟：旱蚂蟥能感知体温，悄悄从衣领、袖口钻入；穿山甲挖洞，尾巴灵活地往身后送土；竹叶青悬在树枝，有比春日新绿更妍亮的绿；白颊长臂猿在高空腾跃，惊险优美胜过人间的杂技演员……在太初世界般混沌的自然王国里，一切都新鲜，壮美，狂野。每一天，曾孝濂都觉得自己处在"高度的兴奋和亢奋中"。

在雨林之外，"文革"已进行两年，在这场运动里，每个人被重新划分属性和阶层。青年曾孝濂成为"有问题的人"之一。来版纳前，曾孝濂和好朋友私下议论的话，很快就被造反派知道了。他从此不敢与人同住一间房。在版纳，他宁愿一个人住最差的柴房地铺。他怕自己睡梦中的话，给家庭和个人带来更大的灾殃。

那时，他和张赞英刚结婚不久。半个世纪后，回望走到一起的最大因由，张赞英觉得，那是动荡不安的年代，两个孤独无依的年轻人决定依靠彼此。

婚后，曾孝濂每隔数月往返于雨林和人间。他明确地感知到，自己身上正并存着和体验着两个完全不同的世界。

其中一个世界，危险、动荡、荒谬，死亡投下长长的暗影。怀孕时，张赞英被几个学生狠踹了腹部，差点跳湖轻生。在暗影之下，没人知道明天会是怎样。他和她因此不敢再生养第二个孩子。

另一个世界，处处是生命本身的狂野和伟丽。一个人在雨林里画画时，曾孝濂常常走神，有时候会听到花在和他讲话。那时没有相机，也没有手机，他怕自己会忘掉这梦境般的奇遇，只能用眼睛和画笔去拼命记住一切。

在一次次的出神和忘我中，他渐渐感到人的渺小和狂妄。比起自然比例尺上早就出现的藻类，蕨类，苔藓，地衣，裸子植物，被子植物——人的历史才有多长？

热带雨林的五年，彻底改变了曾孝濂的一生。在贫瘠的紧张的压抑的危险的时代，年轻的植物画师，偶然闯入一个丰富自由舒展的充满生命原力的奇幻世界。

当置身于庞大生命之网中并与之共振时，他发现，"世俗间的烦恼与纠葛，甚至'文化大革命'中的人人自危都成了过眼烟云。能不能做到物我两忘？真的可以。在雨林里，'文革'的事忘得一干二净……全身心都自由了。"

一切都要回到那个决定性时刻。当一个"人"在雨林中感受到造化对他的"召唤"时，他"新生"了。从离开雨林的第一天起，植物、自然、无尽藏，像一只大手托起了他未来的生命。

此后的60年，曾孝濂从空间上远离了壮年时期的奇幻梦境，但他在余生用画笔又无数次回到那里。这是他在热带雨林那座"诺亚方舟"中被救赎后，为自己寻找到的毕生志业。

晚期风格

"重返"雨林，不能再耽搁了。为集体和行业工作了半个世纪后，曾孝濂终于在晚年进入了"完全为自己服务"的阶段。他最想完成的心愿还有两个。一是画《诗经》中的植物，二是重返版纳，完成一百幅有关雨林的生态绘画。

就在他要重返雨林写生时，2019年秋天，曾孝濂在体检中查出肺部恶性肿瘤。肿瘤已经长到3厘米。鉴于他已80岁，几家医院的医生，都不建议他接受开胸肿瘤切除手术。

医生推荐保守治疗。曾孝濂担心放化疗后，手脚不听使唤，那么他就再也不能画画了。他打算放弃所有治疗。在妻子张赞英的多方问询和朋友王立松的奔走帮忙下，他们最终在北京找到一位能做手术的专家。

在去北京手术前的一周，他们的老朋友，昆明所92岁的植物学家李恒，突然出现在了曾孝濂家门口。所有人都以为她是来探病的，谁知她是来催稿的。

数月前，李恒打算写一篇关于重楼属植物的文章投给《自然》杂志。她约曾孝濂帮她画一幅滇重楼的标本，这种植物是云南白药的主要有效成分。

某一日，李恒在院子里听说了曾孝濂重病的消息。她打电话给张全星，令他马上开车过来，送她去翠湖边的曾孝濂家。一进门，她就拿出笔记本电脑翻找资料，"直接没有慰问的，两个人就开始聊起来这图要怎么怎么画"。

张全星在一旁惊呆了。手术前景并不乐观，在这种情境下，"老太太一句问候没有，直到后面提到截稿日期，她才提到手术的事"。

另一边，"老头也是兴奋得很，所里还没人在《自然》上发过文章，他在那儿拍胸脯保证说，手术不一定成功，能不能活着回来也不清楚，所以一定要在去北京前给你画完！"

张全星觉得这两个人都"太怪太不正常"。普通人如果查出重病，自己把自己都吓死了，有几个还有心情讨论工作？曾孝濂一点不觉奇怪。这就是他认识了六十年的朋友李恒。

年轻时，两人经常因为工作或者观点不同而"打仗"。她是那个时代少有的强人和"亡命徒"。

她本是俄语翻译出身，随丈夫调动到昆明植物所后，在中年时转行进入植物分类学领域。用 20 年的时间，成为天南星科植物的一流专家，出版专著《重楼属植物》。

1990 年，61 岁的李恒带着团队进入高黎贡山的独龙江，用近一年的时间，完成了中国对独龙江的首次越冬科考。科考成果《独龙江生物多样性本底调查》获得中科院自然科学一等奖。

独龙江每半年大雪封山。在她带队进入前，那里与世隔绝，是云南最后的秘境。进山前，李恒写下一封遗书。在山中骑马时，她摔断三根肋骨，所里要派直升机去接她，她拒绝了。之后，丈夫住院病危，女儿即将去美国留学，问妈妈是否能回家再见一面。李恒回信，如果要等我，就等不到了。

进入 70 岁后，她组织多国专家 20 多次进入高黎贡山，完成《高黎贡山植物资源与区系地理》专著，被业界和民间尊为"独龙江女侠""高黎贡山女神"。

在曾孝濂眼中，李恒是中国人中少有的那类人。动荡的历史改变了很多人，但在李恒和臧穆这两位老朋友身上，曾孝濂看不到"谨言慎行的光滑外壳"。

"她一生想干嘛就干嘛，有时以自我为中心，脾气不好，她不喜欢的人太多了，但她是个很真实的人，直来直去，坦诚相见，值得做朋友。"

出发去北京两天前，曾孝濂完成了李恒安排的任务。当日他就用快递把画给老朋友送了过去。

两天后，医生切除了曾孝濂三叶左肺中的第二叶。手术后醒来，曾孝濂做的第一件事是，拿起桌上的一根筷子在输液管上移动，看到自己的手"想碰哪儿就能碰哪儿"，他满意极了。

只是在出院后的第一次复查中，医生发现他剩下的两片左肺，一叶已经停止工作，另一叶上又长出大约一厘米的肿瘤。右肺因负担过重，产生了呼吸困难和肺不张的症状。

现在，即使在平地上散步，曾孝濂的胸腔也起伏得厉害。他由此明确知道，自己已经进入倒计时。此时，所有束缚反而都消失了。

他全身心地沉入余下的生命和创造里。病后的两年，曾孝濂陆续完成了一百多幅新画。张全星有时会在微博上和网友分享去老头家中看画的视频。

一幅刚画好不久的紫薇，从画袋里缓缓抽出，花叶如在风中颤动。有人在微博下留言：不知道为什么，看到这幅画想落泪。

张赞英发现，这两年，丈夫开始画一些寻常植物。昆明小区菜地里的南瓜、豆角，北京护城河边最常见的猥实、紫薇。出院后，他在院子里看到一株鸡冠花。这株鸡冠花成为他病后完成的第一幅画，出现在9月底开幕的曾孝濂新作展上。

现在的曾孝濂认为自己进入了"乱来"和"乱整"的阶段。他用刀画南瓜藤上的刺毛，用橡皮擦出兜兰花瓣的高光，用投影仪和画图软件来打草图。

几个月前的一天，路过玉雕店，他想，或许工匠们使用的电动雕刻器也可用来画画。之后的两个月，他买来一百多种纸张和几十种型号的钻头做实验，最终发现工匠们用弃的钻头是最适合用来作画的。

钻头通电，在纸上轻轻一蹭，就是一条白色的叶脉或者紫薇花的一条雄蕊。过去，这些部分都要靠提前留白或最后用白颜料去画。新工具为曾孝濂省下了一半时间。他又买了几把雕刻器，打算送给学生们。

在王立松看来，除了仍然在精进的技艺，这两年，"他画的植物还多了一种崇高感"。他想起文艺复兴时期，在教堂里为神而作画的画家们。同样的虔诚和庄严也存在于曾孝濂的画中，"他就像是中国的'植物画拉斐尔'"。

现在，曾孝濂每天大概工作8到12小时，最多时可以画15个小时。《中国国家地理》图书编辑、画家翁哲和余天一尝试过这样的强度，画到第8个小时，已经满身是汗，只想瘫倒在床上。

许多人在看到曾孝濂这两年的新画时，都发出"哇塞和不可思议"的赞叹。翁哲只觉得"特别心疼"。

面对这些具有浓烈"晚期风格"的作品，翁哲受触动的不是高超的技法，也不是出众的审美，而是"创作者对生活和生命热烈、纯粹的爱，并且因为身体的原因，这种热爱显得更迫切了"。

翁哲擅长画动物。每当画到一些小地方，比如鸟兽的瞳孔或者多层的羽毛时，画家需要屏住呼吸，调整心跳的频率。他难以想象，只剩右肺超负荷工作的曾孝濂，是在以怎样的生命状态在创作。

他明白作画的人为此付出的代价是什么。"说得不好听一些，他真的不知道下一步老天爷怎么安排，所以他拼命在和时间赛跑，是给自己一个交代，也是给后人留下更多的东西。"

单纯与成全

这个秋天，"COP 15"，即联合国生物多样性公约第十五次缔约方大会在昆明举行。大会期间，应昆明当代美术馆的邀请，曾孝濂举办了名为"一花一叶一世界"的曾孝濂新作展，以展现云南作为生物多样性热点区域的特质以及当代中国植物科学画的样貌。

在为画展准备的序言中，馆长兼策展人聂荣庆这样写道："曾孝濂先生一辈子做了一件事，画花画鸟，一辈子住在昆明，工作和生活，做一个平凡的昆明人，从容地活在了自己的世界……六十年如一日，安安静静画着一片片花瓣，一根根羽毛。"

曾孝濂觉得自己大体是一个幸运的人。能够在生命中敏锐识别出自己的兴趣和使命，并用一生的时间，专注、单纯地燃烧自己、成为自己——不论过去还是现在，都是少有人能走的路。

从这一点上来说，曾孝濂觉得自己和李恒很像，他们都幸运地找到了度过一生的方式，都是"痴人"。只是在这罕有的"单纯"和"痴迷"背后，是他人的成全和付出才让他们得以拥有这样的生命质地。

作为昆明植物所最著名的"狠人"，今年92岁的李恒，依旧每天都去办公室上班。

张赞英十分羡慕这位老朋友，羡慕她可以按照自己的心意，度过高饱和度的一生。作为曾经随丈夫南下的家庭妇女，李恒在逼仄有限的生存和工作裂缝中，找到并牢牢攥住了可以为之燃烧一生的志业。过去，像她这样能够从传统家庭性别分工中突围而出的女性实在太少。

张赞英也为自己突围过一次。那是20世纪70年代中期，她和曾孝濂的儿子已经7岁。她为自己争取到一个去北京林业大学上大学的机会。她告诉曾孝濂，"我一定要去的"。

脱产学习四年后，学校遗传育种专业的老师希望她留校继续做科研。在家庭、异地、单位、妻子、母亲、事业、兴趣的角力和拉扯中，张赞英极为痛苦。最终她选择收束自己，回到了昆明。

此后的几十年，因为诸多现实因素的掣肘，她在事业上的拓展缓慢艰难。加上丈夫曾孝濂自进入植物所的第一天起，便以一种苦修式的状态在工作，她自觉成为了家庭中那个去照护其他成员和承担所有家务劳动的人。

年轻时出差，她会按时打电话提醒他吃饭，否则一画起图来他就忘了时间。有次发烧输液，为了不打断他工作，她一个人去医院看急诊，上厕所时血液回流，染红了瓶子里的药液。

这样的付出、承担和照护，一直从青年持续到暮年。就在这次画展开幕几天前，张赞英接到物业电话，顶楼水管爆裂，他们家的房子被水淹了。她膝盖不好，又不会使用网约车，只能赶公交进城处理。7扇房门泡坏了5扇，床底下保存的画作也被淹了。

这些生活中磨人的琐事，都需要她一件一件去处理。7月，两位老人又一同度过凶险的一幕。那天下午，曾孝濂觉得舌头发麻，说话困难。张赞英觉得这可能是脑梗前兆。她拖着他及时去了医院。医生诊断为轻度脑梗，需要住院半月。每天晚上，她在病房的单人沙发椅上和衣而眠。

曾孝濂觉得自己实在是幸运。若没有老伴的警醒和果决，他或许已经倒下。她作为照护者的巨大付出，也不只体现在日常生活。在曾孝濂职业生涯的许多阶段，都有妻子张赞英的护佑和支撑。

90年代末期，中科院首次在50年代入职的低学历员工中，破格晋升正高职人员。那时，昆明所内定了三个人选。许多人为曾孝濂感到不忿。

张赞英知道后，一个人去找人事处理论，希望他们公平公开地进行评选。在她的强烈要求下，一直往后缩的曾孝濂拿回了一张报名表。臧穆等朋友连夜帮他整理资料，补习英语口语。

答辩那天，台下许多同事为曾孝濂鼓掌。几天后成绩公布，曾孝濂成为国内首位植物绘图员出身的正高级工程师。他告诉我，这是他职业生涯中唯一的一次争取。

回想往事，张赞英觉得自己并不完全是为亲者故。她只是觉得，以他的职业水平担得起最高职称，而植物画这个工种也实实在在地需要为共同的尊严去争取一次。

"我就是靠你了。"这几年，曾孝濂开始在口头上向妻子表达感谢和眷恋。为了让他专心画画，所有找他谈事的人都要通过张赞英来沟通传达。她承担了事实上的秘书工作。现在她稍微离开时间长一点，他心里就空空的。

至于自己的梦想呢，张赞英仍然感觉到遗憾。她觉得此生，自己亏欠自己很多，"估计到最后的时刻，我也会带着一种不甘心，就这样走了吧。"

她想过，如果当时决意留在北京工作，那么此后的人生会不会就此少掉一些遗憾。这些在内心盘旋了许多年的想法，她没有告诉过任何人。在漫长的岁月里，她找到了一种说辞来宽慰自己。

那就是，"相比较起来，他要做的事情是很有意义的，这一行剩下的人不多了，这个事情不应该在他手里边断了，所以我一定支持他，尽最大的力量来让他完成心愿……这一生，每个人有每个人的追求，有人的人生精彩一些，有人的人生黯淡一些，他追求得更有毅力一些，那我就成全他。"

尾声

四月中旬，来自云南全境的野菜和野花，如潮水一般涌进昆明的菜市场和食肆。这是菌季之外，云南人最爱的野菜狂欢季。

我们的采访，比此前预计的提前一天结束。曾孝濂很高兴，觉得自己平白赚到了一天。他和张赞英执意请我去植物所大门外唯一的餐馆吃饭。

病后，曾孝濂的食欲一直淡淡的。不过那天，餐馆冷柜里满坑满谷的野菜让他很雀跃。隔着玻璃，他逐个给我介绍，香椿，棠梨花，春笋，沙松尖，花生芽，金雀花，白参，花椒尖，树豆，槐花，鱼腥草，牛肝菌，臭豆腐，玉米粑粑。

我们点了金雀花煎蛋，清炒蚕豆，油爆沙松尖，油炸臭豆腐和洋葱炒肉。饭毕，我们一起走去植物园散步。路上经过一块巨大的花岗岩石碑，上面刻着昆明植物所的所训：原本山川，极命草木。

即便和山川草木待了一辈子，曾孝濂还是会被植物打动。前一天散步时，他在路上捡起两片香樟树的叶子，一红一绿。第二天，我在桌上又见到了那两片他不舍得扔掉的树叶。

"已识乾坤大，犹怜草木青。"只是现在，每往前走一步，曾孝濂都要更深重地呼吸和喘气。到82岁，他仍然觉得没有一张画，达到了他所认为的植物科学画最高境界——站在那儿就迸发出一种生命的力量。

在画过的无数植物中，他最不满意的是绿绒蒿。无论怎么努力，他都无法在纸上再现绿绒蒿绸缎一般的脆弱感和幽灵似的梦幻蓝色。

这个遗憾再也无法修补了。时间和身体状况都不允许他再爬到海拔 4000 米以上的山峰和流石滩了。

现在，每天清晨和傍晚，曾孝濂放下画笔，下楼，慢慢穿行在正值花期的杜鹃园中。他向我介绍高大的马缨杜鹃，"它的花盘就像马帮头马脖子上戴着的那朵大红花"。

看着眼前的杜鹃花丛，曾孝濂想起有一年去滇西北，他和朋友一路从白马雪山的垭口返回香格里拉。途中，他们偶遇一片有二三十米高的高山杜鹃林。那叶片足有成年人的前臂那么长。正值花季，杜鹃开在空中，从林下抬起头，一脸撞见天幕般广大的一片红。

面对造化偶然露出的神奇一角，他们不知如何表达内心的狂喜，只能在树下打起滚来。那时，曾孝濂才明白，为什么两百多年前，来自欧洲的"植物猎人们"会匍匐和跪倒在云南的高山杜鹃林下哭泣，"啊，上帝，太美了，造物主，太神奇了"。

（感谢读库和中科院昆明植物研究所提供的帮助）

再连线

在曾孝濂83年的生命路途中，植物在每一个阶段，每一个关口，每一个动荡、痛苦、绝望的节点，都托起了他。到现在，曾孝濂生命中的每一天，都还在画植物，赞颂植物的庄严与美，而这也是他的故事能够抵达的更远方 —— 它关于生命之有涯，宇宙造物之无穷，关乎人与无尽藏万物之间永恒的相伴相依。

《人物》：这一年对您来说印象最深的事情是什么？哪段记忆会时不时被想起？

曾孝濂：这一年，我的工作效率比较高，完成了几件事。一是完成了一本《诗经》植物图稿中我承担的部分，二是出版了大型个人画集，三是完成了国家邮票印制局的约稿，四是最重要的，我大半生都牵挂的热带雨林水墨生态画，今年又完成了十几幅，我计划2024年一定如期完成。

说到今年印象最深的事，是10月份的时候，我老伴张赞英做完膝关节全置换手术的第二天晚上，在卫生间不小心滑倒，把胳膊肘摔断了。当时的情景真是给我吓坏了。当时我正在画桌前面，用吹风机吹刚画的画，吹风机声音太大，我听不见她叫我，后来我跑到卫生间，她左手的小臂已经是Z字型，我也不知道哪里来的劲儿，把她从卫生间扶到床上，赶紧打120去医院，弄到晚上两点多。

《人物》：面对当下，您有什么建议和年轻人分享？

曾孝濂：年轻朋友们，希望你们把自己的兴趣爱好和时代的需要结合起来，不管你是科研人员还是手艺人，人不论分工，不论职务高低，不论年龄大小，都应该找到自己应该做的和喜欢做的事。这对我们面对恐惧，面对动荡，面对未知，会起到一定的镇定作用。

《人物》：未来十年，您觉得世界会发生什么样的变化？您对未来有什么样的期许？

曾孝濂：我希望世界和平。个人方面，未来三年，我希望顺利完成热带雨林一百种生态画的任务。这是我年轻时候就有的愿望。如果2024年能够完成，如果那时候老天爷还让我留着，我还想尝试新的材料和画法，他们说你怎么老是不安分啊，我确实有点不安分。如果有时间，我贪心，还想多画几年吧。甚至我晚上睡不着的时候，脑子里都在想如何用新的材质和表现形式去画画，真是有点迫不及待，画画还是最诱惑我的事情。

许渊冲：与平庸作战

文／查非　编辑／槐杨

我学文学只想自得其乐，提高自己，但如果每个人都得到提高，那不就是改革时代了么！？

——许渊冲

他显然已经完成了一件伟大的事，一件谁也没做到的事，但"我是不是一个庸人"，这个问题直到今天，依然是一个问号，没办法画句点。

"莎士比亚有很多缺点的"

翻译家许渊冲会一边说着话，一边睡着。这是一种正常的生理现象，到了四月份，他就要100岁了。[①]

---

① 本文首发于2021年。——编者注

和他沟通最大的考验不是他的年龄，他不糊涂，有很多话要说，声音也很响亮，他身上活着一个战士的炽烈——一种100岁的斗志昂扬。

醒着的时候，他突然提问，"To be or not to be，你知道？这有十几种翻译啊！你喜欢哪一种？"

这句话是莎士比亚名剧《哈姆雷特》里最有名的台词，复仇的王子站在舞台中央，抉择的艰难时刻，说出传世数百年的名句："To be or not to be, this is the question."流传最广的是翻译家朱生豪的版本："生存还是毁灭，这是一个问题。"

"根本就翻错了，你怎么喜欢的啊？一个人哪有生存灭亡的问题？不是谈国家的问题啊，活下去、活不下去，这是自己的问题嘛！"说完倒向沙发，刚躺下又起来，"莎士比亚、莎士比亚有很多缺点的！……我，100岁，莎士比亚，50岁就死了嘛！他莎士比亚不懂中文的，我比他，我英语，法语，我（多）五十几年，我的经验比他强，所以我可以搞得比他好。"

在批评的顶峰，他睡着了。斗志昂扬的房间突然陷入安静。许渊冲一个人住在老旧的两居室里，在朝南的房间书桌上做翻译，然后去朝北的房间，把译文逐字打到电脑里。整整两面墙的书架上，《唐诗三百首》《论语》《红与黑》《高老头》《奥瑟罗》——每一本书都是他的译作。

理解许渊冲是一项考验，他活出了一种绝对意义上的自我，表达也始终激烈，爱与恨，对与错，只容得下一种解释。这导致他长期以来活在一个简化标签里——自负。只有仔细阅读他的日记，分析不同年代的文章，听他在不同阶段的朋友、同事、对手、学生的讲述，结合100年间的时代变迁，才能把人从简化标签中释放出来，发现复杂的另一面。

这一面的许渊冲通常到了深夜11点后出现。一个人守在书桌前，开始翻译，记日记。晚上的许渊冲一言不发，整个房间安安静静，那时候的他一改白天的张狂，依然敏感，但是谨慎、脆弱、犹豫、自卑，后悔自己说话伤人，反思自己为什么总被孤立。他在日记里，用英语询问自己：Am I moderate？（我是不是一个庸人？）

"我是不是一个庸人？我想了又想，正如钱（锺书）先生所说，这还是个问号，而不是个句点。沈从文先生说过，一个人应该平庸一点，不应该脱离人生，而应该贴近人生。我脱离人群，和别人不投机，总觉得格格不入，这是不是脱离人生呢？张佛泉先生讲政治课时引用巴斯卡的话说，我思想，所以我是人，不是达到目的的工具，而是目的本身。我是工具，还是目的呢？我来联大目的是做一个能够自立的人……读书人或学生是不是庸人？是人中人还是人上人？……这还是个问号，不是一个句点。"

这是他上西南联大第一个月的日记，也是萦绕了他一辈子的问题。出生在1921年的许渊冲，见证了时代的波澜壮阔，钱锺书教他大一英语，杨振宁跟他上课同桌，陈省身跟他一起打过牌，远房表叔熊式一写的剧本《王宝钏》，英国女王都看过，萧伯纳也赞美。他凡事爱跟人比，但一次次比较让他看到自己的现实 —— 没有他人的天赋或家境，又赶上战争、革命、改造、运动的时代，半生默默无闻。他从小爱看英雄故事，自己却不得不在沉默的压抑中生活，迟迟做不了英雄，怎么办？

这是一个几乎每个人都遇到过的问题。他读过的书，见到的老师，认识的朋友，都告诉过他一个答案 —— 接受。但是，如果接受不了，又该怎么办？

许渊冲用100年的时间找到了一种答案，他当了一辈子的斗士，用自己的人生回答了哈姆雷特的问题：一个人能否活成自己的样子，跟时代、出身、天赋、环境都没关系，这是一个个人问题。他的所有表达都在讲述这个答案，为了让更多人听到，他更大声说，用更激烈的方式说，直到现在，他都在等待来自他人的回音，认同他所发现的To be or not to be，他认为这句话正确的译法是 —— 要不要这样过日子？

炽烈的奇迹

激烈和简单，是熟识许渊冲的人最常提及的两个词，也是这位翻译家最突出的特征。他的语言表达尖锐激烈，语言背后的人却简单天真，一辈子如此。

许钧和许渊冲认识40多年，他在论文里第一次看到许渊冲的名字，那是1979年，学术期刊刚刚复刊，许渊冲就发表了多篇谈翻译的文章。在文章中，许渊冲把翻译视为一种艺术，提出要将翻译提升到文学创作的地位，译文要力求超越原作，追求一种绝对的美。

没过多久，译林出版社组织翻译法语名著《追忆似水年华》，责任编辑韩沪麟邀请15位译者到北京开会，同为译者的许钧在研讨会现场第一次见到了许渊冲，才知道那些澎湃的文字来自一个年近古稀的老先生，外号叫作"许大炮"。他每次开会必到，常常跟人争论细节对错，争到满脸通红。会上讨论书名译法，许渊冲猛地站起身："我要求用《追忆逝水年华》，若不采用，我就退出此书的翻译！"

但不谈翻译的时候，许渊冲为人又很简单。许钧去北大开会或讲学，许渊冲和夫人都会请他吃饭，给他介绍好吃的菜，但也一定会在饭桌上谈起翻译，有一次在北大勺园，两个人争到整个餐厅都停下来看他们，可问题争完后，又坐了下来，继续分享好吃的菜。

"翻译是他的存在方式。一说翻译，他像捍卫恋人一样，他要跟你拼命的。"许钧说，"在翻译上，他是一个绝对的艺术家，坚信自己的原则，又在翻译中绝对贯彻了它。他把追求美当作一种责任，真诚地、绝对地去捍卫他的艺术，导致他的理念有排他性。所有跟他的翻译违背的，他认为都是跟他的不和，都是错误的，这是他对于艺术的绝对追求导致的。虽然他的翻译只是一家之言，但这种不妥协的精神，让他能够在100岁还在不停息地追求，多少人都停止了，他真的是生命不息，翻译不止，这是这么多年我一直很钦佩的地方。翻译到底为什么？它不仅仅是一个精神问题，也不是一个水平问题，更是一个认识问题。"

几乎所有人都发现了这一点，负责出书的编辑都知道，他对待译稿极其珍视，"翻译是他的命"，译每个音节都有讲究，家里人也知道，他的书和译稿不能随便碰，"翻译是他的眼珠子"。每次发现译文有误，他都像仇恨敌人一样憎恨，要竭力纠正过来。

这份炽烈让他的翻译呈现出一种罕见的生命力。通常情况下，大部分翻译家一生只主攻一个语种，只翻译一两位作家的主要作品，由于翻译工作量繁重，译者晚年常常放缓翻译速度，有的不得不告别这项工作。然而，作为翻译家的许渊冲活出了三个奇迹：这是一位在真正意义上翻译过古、今、中、外的翻译家，是一个活到100岁仍每天熬夜翻译的翻译家，最重要的是，这位翻译家一生绝大部分作品是从62岁开始翻译的，也就是说，大部分人从壮年开始的个人奋斗，对许渊冲来说是一场暮年才能出发的赛跑。

这些奇迹全部呈现在他的作品里。改革开放之前，许渊冲只出版过四本书。1983年，62岁的许渊冲开始以一年至少新译一本名著、出一本论文集、写一本散文集的速度进行创作，迄今为止他在中国古典文学领域完成了唐诗、宋词、元曲、汉魏六朝诗、明清小说、《诗经》《楚辞》《论语》《道德经》的英文译本，外国文学领域完成了福楼拜、司汤达、巴尔扎克、莫泊桑、雨果、罗曼·罗兰等作家名作汉译本。纪念莎士比亚逝世400周年的时候，他开始挑战一个人译莎士比亚全集，这一年，他已经94岁了。

翻译家童元方也见证过许渊冲的热情。那时他接近80岁了，香港中文大学邀请他做翻译讲座，童元方负责接待。许渊冲上台聊诗歌翻译，下了台还是聊古诗。童元方此前在哈佛大学授课，主讲文言文，"我们俩聊得就挺热闹，他的记忆力一流，讲到哪一句译得好，当场背诵出来给我听，我一听就会共鸣，真的很好，怎么想出来的啊？"

许渊冲跟她聊毛泽东诗的翻译，其中有一句"不爱红装爱武装"，他的译作用了英语的双关："to face the powder and not to powder the face."

"这句我认为是神来之笔。他对自己的得意之作，从不扭捏作态，那种对美的执着令人可感。坐在我对面的是一个快80岁的老人，一讲起翻译，那种天真的得意，真的是手舞足蹈，我觉得他好可爱，我也跟着他一块儿高兴，跟着他手舞足蹈。"童元方目前因为疫情留在中国台湾，她在电话采访中告诉《人物》，"他是我见过的少数的人，译成不是自己母语的语言，出来的作品还能称之为好。而且他译诗的原则是一定押韵，押韵多难啊，不押韵要把意思翻出来已经很难，又要押韵是难上加难。翻译的取舍之间，甚多讲究。许多人挑剔他因为押韵舍去部分内容，我却因他的译诗保留了最难传达的诗的美感而万分佩服。"

在香港的讲座中，许渊冲讲到自己翻译李清照的《声声慢》，其中两句译文是：

梧桐更兼细雨 On parasol trees a fine rain drizzles

到黄昏、点点滴滴 As twilight grizzles

吃饭的时候，童元方问他，为什么想到把"点点滴滴"翻译成grizzle这个词？结果，许渊冲一口气背诵出来一连串以"zzle"结尾的英语单词，"drizzle、dazzle、fizzle、sizzle、grizzle"……他说因为上半句的"细雨"想要用drizzle，下半句的"点点滴滴"需要押韵，他就直接在这里面挑了一个最合适的。

"这下子把我吓住了，因为我从来没有这样想过事情，我们汉语里有韵部，押an、ang这种，我发现他脑袋里有一个英语的韵部。我就觉得他好厉害，这是他读英文下的很深的功夫。"童元方说。

翻译考验一个人的阅读量和记忆力，灵感不是凭空而来。"不爱红装爱武装"的妙译，是他上大学时读英文报纸看到的表达方式，但他牢记了几十年，译毛泽东诗词的时候恰当地用在里面。他一生如追求热恋一样追求更美的译文，而他为翻译付出的那些心力也留在了优美的译文中，其中流传最广的一则是他译杜甫的"无边落木萧萧下，不尽长江滚滚来"，这句诗在英语中译出了几乎同样的韵律和节奏：

The boundless forest sheds its leaves shower by shower;

The endless river rolls its waves hour after hour.

　　每一个单词背后，都是一个翻译家的执着。许渊冲打字很慢，屏幕上字号很大，他眯着眼睛凑近键盘，输入一个字有时要花费三分钟，而他没有助理，整整一屋子的书，每一个字都是自己输入的。

　　藏在文字里的翻译奇迹，直到今天仍在增加。许渊冲在北大畅春园的家已经住了超过40年，刚搬进来的时候出书，照片里的书房只有一个小书架，译著还能一本本并排展示封面。99岁时的书房显得狭小局促，因为书太多，书架不得不同时放两排书，新的译作来了，只能随机插到空隙里。每一本厚厚著作的封面上，译者署名都是许渊冲。

响亮的第一流

　　许渊冲从18岁的时候开始做翻译，最初的作品是翻译林徽因写给徐志摩的纪念诗《别丢掉》。那时候，翻译解决的是个人问题——当时暗恋同班女生，他译出了这首诗，放到女生宿舍信箱里。

　　事实上，学习语言对许渊冲来说是非常辛苦的事。在日记里，小时候学英语的感受是"恼火"，不明白为什么daughter意味着女儿，pupil意味着学生，也记不住26个字母发音，要在WXYZ后面写上汉字"打波了油，吓个要死，歪嘴"才能背下来。后来他学过俄语、法语，试图学过德语，每种外语都学得很艰辛，刚学俄语时为有32个字母而生气，但他还是克服困难全记下来，几乎每次俄语考试都是第一。

在人生最初的日子里，学外语是许渊冲摆脱自卑的方法。在日记里，他形容自己小时候非常自卑，母亲早逝，父亲严厉，哥哥总挑毛病，唯一疼爱过他的长辈很快去世了，这些经历让他总觉得自己是一个弱者，处处不如人，那时候日记里抄录的句子，是鲁迅文章里让他共鸣的"四面都是敌人"。他觉得自己因为平庸所以孤立，直到发现自己学习外语能出众，才开始培养出自信。

他记录了每次得第一后听到的回响——英语考了第一，其他人开始笑着听他说话；俄语考了第一，吴宓在路上夸奖了他；法语考了第一，暗恋的女生跟他说了第一句话。他对这些日子的记录，用的词都是"甜蜜"。

许渊冲考上西南联大那一年，是抗日战争全面爆发的第二年。当时他最喜欢的作家是鲁迅，读鲁迅翻译的外国作品，因此喜欢上了翻译。但他的想法很简单，同学看他俄语学得好，邀请他参加进步组织，他拒绝了，因为他学俄语只是为了读俄国文学名著，没有政治意图。

这份简单始终活在他身上。他的大一日记认为抗日战争将在年底结束，之后他们将会取道香港、南昌北上，回到北京的校园。上学报到的时候，行李里还带了一个网球拍，他设想的还是一个年轻人的普通大学生活，跟同学打网球，休息日去咖啡厅，一边看书，一边吃一块蛋糕。

大三时，学校规定外文系高年级男生必须参军一年，不参军就开除学籍。对于这个关乎前程的决定，他在同一天变了三个主意。早上去填表，觉得自己应该参军。负责接待的是一个军人，态度严厉，要求遵守纪律，他恼火了。填表时听同学说，怎么能剥夺我们上课的自由，不交表了！当即同意，不去了。下午又有一个同学出来说，怎么能因为上不了课就不参军报国了？他又觉得有道理，再次决定参军。

直到亲历了抗战的现实，他的想法才发生了改变。参军后他为美国飞虎队做翻译，被分配到秘书处工作，翻译军事情报。一开始，他还是一个简单的大学生，老师、同学、朋友、同事都被他挑过毛病。这是他的一个习惯，他解释自己爱找他人缺点，是为了实现超越。但是那一次，工作之余听军官们讲时局，分析前线一触即发的紧张局势，他开始给自己挑毛病了。

他在日记里检讨自己，"我虽然在为抗战出力，但除了工作以外，想到的还只是穿西服，吃馆子，住洋房，坐汽车，找女朋友，出国留学等等，多么自私！哪有一点国难当头的意识？……如果国家危急，还谈什么个人问题？如果国家有事，我也只有尽我所能，为国出力。"

　　可是，他遇到了一个现实的矛盾。抗战时期，为国家出力的最常见两条路，一个是参军，一个是做科学家，这两条路他都没法走。军训时期的每天早起已经让他感到"苦不堪言"，纪律严格也让他"深恶痛绝"，大学之初就放弃了参军这条路。他的理科成绩很差，也缺乏理性思维天赋。鲁迅弃医从文，用创作代替战斗的这条路，他也很难做到。上课写作文，题目是写一个有趣的人，他想要写自己，但他发现，要写一个完全真实的自己，他不知道怎么写，要写一个完全虚构的自己，他也写不出来，最后，他发现自己的表达力有限，只能借助看过书里的人物，写"一个半真半假的人"。

　　他常常需要借助他人才能实现自我表达，这也成为他选择翻译的原因。晚年在那篇日记的补记里，他写道：

　　"我的观察力不强，想象力也不丰富，所以只好像大鹏背上的小鸟，等大鹏飞到九霄云外，再往上飞一尺，就可以飞得更高，看得更远了。古今中外的诗人文人都是我的大鹏鸟，我把他们的诗文翻译出来，使他们的景语成为情语，就可以高飞远航了。"

　　和同学讨论"生存"的时候，他形成了自己的观点：一个人能解决的只有个人问题，而每个人做好自己，就是解决时代的大问题。"人的生存首先为自己，其次才为大众。如歌德写《少年维特之烦恼》，完全是为了发泄自己的热情，没有一点为大众谋幸福的意思，结果却给许多失恋者带来了安慰。""我学文学只想自得其乐，提高自己；但如果每个人都得到提高，那不就是改革时代了么！？"

他选择了翻译，既是个人问题的解决路径，也是他对时代的回应。此后的履历是一条简单的直线：从西南联大肄业后，当过一段时间英语老师，后来考上清华研究院，研究翻译，留学法国，翻译德莱顿，毕业后回国，继续翻译，直到今天。

这是一条他再没有改过的路，这条路上也只有一个目标："永远追随着第一名，追随着第一流的作家，自己只是以译为作，把第一流的创作，转化为第一流的译文。"他的译作里只有第一流的作家和第一流的作品。其实，这并不完全是他的个人阅读喜好。他喜欢的作品多是浪漫爱情故事，年轻时最喜欢《茵梦湖》和《少年维特之烦恼》，但他的译作却选择了不少现实主义作家。

从法国留学回国时，许渊冲刚过30岁。他参了军，在部队的外语学院工作，1983年从洛阳调到北大。他当过老师，教过英语和法语，但他更主要的工作是做翻译。上过课的学生、合作过的同事，都对他的翻译印象深刻。

冯庆华是许渊冲在洛阳时的第一个研究生，毕业写论文时，两个人分隔两地，写信沟通，冯的论文的每一步进展都要寄给许渊冲看，许渊冲会提很细的意见。后来冯庆华跟几位中年翻译老师聊天，得知有的老师过去翻译拿不准的时候也会给许渊冲看，"许先生修改之后的确大不一样，很快就被出版社录用了。"

潘丽珍是许渊冲在洛阳时候的同事，后来跟他合作翻译了法国著名作家普鲁斯特的《追忆似水年华》第三卷，潘丽珍译，许渊冲校。这是一本非常难译的法国文学名著，潘丽珍在翻译过程中常常遇到难懂难译的长句，"一个句子有一页纸那么长，主句套从句，从句又套从句，接着又跟着各种各样的从句，套得你晕头转向"。想起普鲁斯特的句子，她常常想起原子弹爆炸后的蘑菇云，缠缠绕绕，没完没了，这怎么译？

翻译的时候，潘丽珍用出版社给的稿纸，500字一页纸，自己译一遍，丈夫帮她誊抄一遍，凑到两三本，打成包裹寄给在北京的许渊冲，他用红笔在每一页都认真修改，再将修改后的译稿寄回来。

"改得真好，改得真认真，有些句子很复杂，很难译，我怎么译都不满意，但经他一改，译文变得既简洁易懂，又漂亮传神。当时我爱人负责誊抄，他对我说，'这句话经他修改，读上去舒服多了。'"潘丽珍说，"许渊冲是我的翻译道路上的引路人，是我的良师益友。他不仅亲手修改我的译文，还教我翻译原则，译文要读给自己听，要朗朗上口，只有你自己听明白了，读者才能读明白。"

许渊冲把翻译里面的事情想得很细。冯庆华记得他上课讲"北京长城饭店"的译法，学生按字面意思译成"The Great Wall Restaurant"，他会纠正为"The Great Wall Hotel"，因为长城饭店所承担的职能主要是招待住宿，而非吃饭。但是，翻译之外的世界，他依然想得很简单。潘丽珍常和他通信。晚年他得了直肠癌，但来信中谈起来轻描淡写，他照样骑自行车、游泳、熬夜翻译，"仿佛不食人间烟火似的，他看上去不知道癌是怎么回事，不懂这个东西会有什么样的后果"。

熟悉许渊冲的人都说，他过日子的快乐很简单，能吃到一块甜甜的蛋糕，能骑自行车出去转转，晚上能安静做翻译，他就高兴。他的雄心全在自己的翻译里面。

让我说话

然而，回国后的 30 年间，翻译世界少有响亮的声音。那时候，外国名著大多成了批判对象，古诗词和《论语》又是封建糟粕，能翻译的只有毛泽东著作，但是文选和诗词都有专门的翻译委员会和定稿小组。许渊冲译了毛泽东诗词，投稿给几家出版社都被退回来，"不接收外稿"。他翻译的巴尔扎克作品也遇到差不多的情况，交稿后一直没有回应，直到"文化大革命"结束后才得以出版。

翻译路上，再难有人与他共鸣。当时他参了军，所处的是纪律严格的部队，他常翻译指派任务以外的作品，拿着译文给领导和同事看，领导跟他说，别再译了，译得不好。许渊冲不服气，把自己译的书寄给负责官方翻译定稿的钱锺书，回信里有"敬读甚佩"四个字，许渊冲拿信给同事看，证明自己的翻译有权威肯定。同事告诉他，这是客气话，不可当真。许渊冲又写信给钱锺书，这次直接把自己的毛泽东诗词译文寄去，请他直接评价。钱锺书用全英文回复了这封信，没有评价他的译文，讲了翻译的常见困境，引用了国外同行的评价："蒲伯先生译的荷马很美，但不能说这是荷马的诗。"

在洛阳时，潘丽珍和他在同一个教研室三年，常常跟他谈心。许渊冲从法国留学回来，翻译过代表个人主义的罗曼·罗兰，又总想翻译出书，身上背着个人主义、享乐主义、名利思想的标签，是改造对象。看他书也出不来，翻译也做不成，"心里怨气大得不得了"，潘丽珍想跟他讲中庸之道，全国的出版社都不工作了，都在搞运动，不让翻就算了，别再译了。但是讲道理，举例子，白天讲通了，晚上又反悔，许渊冲就是绕不明白——为什么现在不让翻译？

许渊冲相信一种简单的道理，翻译是大事，译得好就应该发出声音，这不仅是他的个人奋斗问题，也是整个国家民族的影响力，应该让世界听到中国的声音。许渊冲老反问她，"为什么不让人翻译呢？为什么不让出版呢？我们的孔子、李白，比他们的莎士比亚早那么久，我们的老祖宗比他们的老祖宗强那么多，翻译出来就能走向世界。"那时候很少人真正讨论业务，"气候不一样"，潘丽珍只好跟他开玩笑，走向世界，没法走嘛。他马上就跳起来急了，你这个人怎么这样子！

一个简单的人活在了最复杂的时代。妻子照君后来讲给来采访的鲁豫说，批斗的时候挨了100鞭子，"屁股都成紫茄子了"，回到家急着让照君把儿子的游泳圈吹起来，他好坐下写字。挨打的时候他想到了毛泽东诗词里"惟余莽莽""顿失滔滔"两句的译法，得赶紧记下来，"怕忘了"，晚年的照君讲述的时候还在笑，"都大紫茄子了，怕忘了。"

"许渊冲1952年回国，他可以选择不回来的，留在法国，这样的选择也不是没有。但是他回来了，一回来继续做翻译。"潘丽珍说，"我觉得他是一个天真的人，他不搞阴谋，一切都在脸上，一切都在嘴巴里说出来。有些人肚子里面有很多不满，地下搞点什么东西。但是许渊冲要说，他嘴里说的就是他心里想的，都是明的嘛。所以，我觉得他也不是难对付的一个人。"

那时候，他一边读报纸，一边给自己做计算题：邓小平号召到20世纪末，国民生产总值要翻两番，自己已经出版了4本书，翻一番是8本，翻两番是16本，他得出结论，"到本世纪末，我打算出20本书，这样才能挽回中断20年的损失"。

1983年，许渊冲从洛阳调到北大。潘丽珍去北京看望他，给他过生日。这时可以出书了，但他"怨气还是很大"。因为他感受的不公平更多了，沉默的30年没有出名的译著，参加评选也超龄了，他没评上博士生导师，学校分新房也没给他。他想鸣不平，但他的语言方式还是一贯的尖锐激烈，这让他的声音很难得到真正的理解。

钱锺书去世时，许渊冲模仿钱锺书的名篇《魔鬼夜访》，写了一篇《李白下凡见许君》。文章里面有四个人物，分别是讲述者我、钟书君、李白、许君。钟书君在文中只说了两句话，向李白推荐了学生许君，让他们谈外国人翻译古诗的问题。不过他们先谈了很多现实问题，为什么进不了英文系，为什么没评上博士生导师，为什么没挣到钱。两个人刚见面的时候，许君正在蓝旗营跟学校干部吵架，说自己已经出了50本书，"我不是国际知名学者谁是？我不能住新楼谁能？什么是名利思想？那是有名无实，或者是名高于实，而我却是名实相符，怎么能算名利思想？"

他习惯了在译文中与自己共鸣，和自己对话。他跟老子争论"不自见，故明"，反对孔子说的"戒之在斗"。孔子说，"人不知而不愠，不亦君子乎？"他在书里一边解释如何译成英语，一边跟孔子探讨，"用今天的话讲，这是个知名度问题…… 孔子认为知识分子不应该计较名利得失…… 又说过：'必也正名乎？'可见他是主张名正言顺、名副其实的…… 那么一个名副其实的知识分子，如果不为人知，得不到别人承认，应该怎么办呢？孔子认为应该满不在乎…… 有名无实或者实高于名的知识分子应该满不在乎吗？"

缠绕在他命运里的是一个悖论。他一生想挣脱的是平庸，想用付出争来一份声名的认可。但在不同的时代气候下，平庸不总是一件坏事，它允许人安静地活着。许渊冲没有得到出版译著一鸣惊人的机会，但也恰恰因此躲开了被打成典型的危机，没有卷入更核心的风暴。

正是因为不平庸，已经闭门翻译的傅雷被再三动员，不得不出来参加学习，最终踏上了慷慨赴死的不归途；也是因为不平庸，同时代的翻译家看着自己的译著成为被批判的"大毒草"，来自全国的声讨反对他们译出来的每一个字，最后不得不亲眼见证多年心血换来的译稿被抄家后付之一炬。

在洛阳，许渊冲活在了平庸里，大部分时间当老师，没什么名气。他有好几十年的日记本上都有水渍，因为干校劳动时赶上发大水，房子进水了，他的日记和翻译手稿也淹了。那时候他白天在干校劳动，晚上关上窗户，还在偷偷熬夜翻译诗歌。天气好的日子，他把它们拿出来，一本一本地晒，晒好了又一本一本收起来。

去年潘丽珍收到了许渊冲新出版的日记，她很仔细地读了，里面记着日常琐事、学习心得和翻译经历，是一个翻译家的成长史。现在看它们的存在很有意义，但那时候谁也不知道沉默的日子还要多久，为什么他相信翻译真的有走向世界的这一天？

"他是个普通的人，但他又真的还不完全是一个普通的人，这样的事，谁能做到？为什么知道这些东西能有派上用场的一天？这些东西他都保留着，谁能保留一辈子？要我早就扔掉了，他不，几个箱子搬来，再几个箱子搬回去。有的时候我觉得，真伟大这个人，别人都不认同，但我会说，真伟大。"

一代人有一代人的翻译

"文化大革命"结束后，许渊冲开始出书，以后的每一年，他都在出书，每本书里都有一个鲜明的自我。童元方喜欢他译的《登幽州台歌》，她在采访中翻出来 1979 年的译本，逐字逐行读了一遍，讲解每句译文里她喜欢的妙处，押韵、用词、节奏，读完又读了一遍，"这次你闭上眼睛，听我读……很像一首诗啊！就是诗的感觉啊！"

她接着读了一遍5年后的修订版，还是逐字逐行读，也有妙译，但这次她不那么高兴了。因为许渊冲把标题改了，幽州台不见了，这首诗叫作Loneliness（孤独）。

"这首诗要讲的是登幽州台的时候，一个人站在那里，那种时空截断的感觉，念天地之悠悠，独怆然而涕下。为什么有这样的感慨，是因为登了幽州台。但是你先给我写了一个Loneliness，我还没看诗，我已经知道你要写寂寞了。我多么喜欢他的译文，干嘛改呢，说笑呢，我真是想打他一顿不是吗？"童元方说。

翻译李清照的"至今思项羽，不肯过江东"，他替李清照在英语里做了决定，把"过江东"直接跳过。有人写文章批评了他的译文，他在反驳中回应："为什么不肯过江东呢？不是因为项羽无面目见江东父老吗？为什么无面目见江东父老呢？不是因为江东八千子弟兵都为他牺牲了吗？"

所以，在这首诗的英语版本里，李清照说了一句很美、但不存在"江东"的话：

至今思项羽，Think of Xiang Yu who'd not survive;

不肯过江东。His men whose blood for him was shed.

这种翻译特点在他的汉译本中更加明显。法国文学翻译家施康强读了许渊冲译的《红与黑》后，写文章指出，译本中加入了很多原作者没写的内容，比如在本意"粗活"的词后面加上"非常艰苦"，全书最后一句，原话是"Elle mourut"，字面义为"她死了"。在许渊冲的版本里，这句话译为"魂归离恨天"。

1995年，《文汇读书周报》收集了市面上十几种《红与黑》的译本，组织学者讨论，并展开读者调查——在这个时代，你喜欢什么样的翻译？

316封信寄回了编辑部。多位主要参与者已经去世，许钧是发起者之一，他直到现在还记得20多年前的讨论，每一封回信背后都是动人的故事：14岁的初中生找了同学一起讨论，75岁的老人在一家三代商讨后写下看法，机床厂的工人在身边先做调查才写的意见，还有一封信来自监狱里的犯人，"在监狱里他还在看书，他从狱中发来这封信，要支持直译。一个狱中的人，还在考虑文学跟文化的关系，说明翻译真正影响人的精神生活，翻译原则是会实际影响人的观念的，这对我来说非常震撼。"

赵瑞蕻是《红与黑》的第一位中文译者，1944年把这本书引入中文世界。他在和许钧的对谈中公开自我检讨，"我年轻时候把《红与黑》译得太花哨了，喜欢用大字、难字，用漂亮的词，堆砌华丽辞藻，这不对，因为这不是斯丹达尔（注：司汤达旧译名）的文笔。"

他还撰文反思自己的旧译，"有时偶尔翻翻，于心很不安 …… 把一本名著译坏了，真是件可悲的事！"

这场学术讨论中，争议最大的是许渊冲的翻译，他的"魂归离恨天"在投票中得了零票，他提出的"翻译是借尸还魂"等观点也引发讨论。不止一个同行提了意见，反对把译者的想法加进去，提倡尊重原作者本意。赵瑞蕻仔细对照了《红与黑》的所有译本，法语原文是Elle mourut，英文版是She died，意大利文是Ella mori，德文是Verschied sie，每种语言都是"她死了"，中文也应该保留这种风格，"这才是斯丹达尔"。

这种学术批评的声音让许渊冲很难平静。他把针对翻译的讨论视为对自己的反对，与不同意见展开论战。他形容这场学术争论是"文学翻译路线斗争的大问题"，反对者"流毒至今，非要打倒了不可"，批评对方不理解自己翻译时在"粗活"后加上"非常艰苦"的用意，"在'文革'期间大约没有经过劳动改造，所以不知道用铁锤打出几千枚铁钉的艰苦"，"我受压三十年，居然还有出头之日，怎能不翘'尾巴'呢！"

围绕他的翻译争论持续至今，讨论范畴也早已超越了《红与黑》的译本。后来，许渊冲提出翻译是两种语言的竞赛，文学翻译是两种文化的竞赛，译者要发挥译语优势，战胜原文。包括王佐良、陆谷孙等业界知名翻译家都站出来反对，"各种语言都在称职地为操这种语言的人群服务，何来优劣？如何竞赛？"

论战中，许钧曾经和意见不一的翻译家一起去许渊冲家拜访，面对面坐在一起，"因为他耳朵不好，声音永远很响的"，许渊冲不服气，坚持认为许钧的理论在先，误导了读者，许钧也不妥协，解释了自己的原则，最后谁也没说服谁，但每个人都发表了自己的观点，"没有伤了和气，高高兴兴就走了"。

"问题在哪里？在他看来是美与不美的问题，他可以去捍卫，但是在我们看来，它已经涉及真与非真了，所以有时候对话对不到一起去。比如'魂归离恨天'，它失真了，但他觉得更美了。只能说他是一种艺术家的精神，我们求的是真，而他寻找的是美。"许钧说。

发生在许渊冲身上的争议在翻译界有一种解释，"一代人有一代人的翻译"，原著可以长久流传，但"无论怎样优秀的翻译都是短命的"，原因之一是语言的老化，原著语言可以留在自己的时代，但现代人读20世纪20年代的译文已经能明显感到隔阂。更重要的是，译者的个体认知也在老化。翻译一度允许译者的自我表达，比如清末甲午战争战败后，严复翻译赫胥黎的《天演论》，就将原作者反对的观点"物竞天择、适者生存"加入译文中，借助翻译针砭时事，在当时的历史语境里，这种翻译激发民众的觉醒，有特定历史意义，这在许渊冲成长的20世纪初并不少见，但新时代的翻译是为了交流和沟通，主张对等，语境已完全不同。

德国汉学家顾彬对翻译的看法是，每一种翻译都是一种理解。"理解和解释并不是结果，而是一个永无尽头的过程。这个过程总是伴随着某些偏见的形成"，同一个杜甫，经由不同的翻译后，可以有100种完全不同的面孔。每种译本都是一种哲学意义上的"误解"，但正是这些误解构成了杜甫的深度，让他不局限于任何一种形象，成为一个可以不断解读的谜。

许钧鼓励自己的学生去研究这个特别的翻译家。"社会广泛认同他，但是行业内有很多跟他不同的观点，要从历史的角度去看。"他的儿媳祝一舒研究法国文学翻译，博士论文主题是许渊冲翻译研究。"单从他的理论而论的话，可能在别人看来是不是太狂妄、太偏激了，但我觉得他是结合自身的翻译实践去谈他的理论，有他自身的特色。"

论战时的许渊冲很少得到这样的理解，更强烈的感受是孤立。直到现在，他形容那段日子所使用的表达仍是"四面都是敌人"，提出批评的不少人曾是他的同学同事，他觉得"人变了"，"没有人认同我"，而"我已虚度75个春天"。

他渴望听到认同的声音，把自己和钱锺书的书信公开，引用信里钱锺书谈的翻译问题，写文章讲道理。钱锺书提醒他信件是隐私，说那些信"皆不值得'发表'。'No can do', to use the pidgin English formula"，并在"No can do"下面标了横线，这句洋泾浜英语的意思是"不能做"。但这封信里有一句钱锺书翻译的诗，许渊冲把自己在钱译基础上推敲出来的译文连同信一起发表。文章最后写道：

"译后喜不自胜，以为这是1＋1＞2的译法，简直可以说是巧夺天工。但钱先生说我们的通信是寻常书信，不值得发表。果真如此，那20世纪就没有人翻得出这样的妙译了，岂不遗恨千古！记得钱先生说过：有人利用他是借钟馗打鬼，可能我也包括在内。他是少年得志，功成名就，不知道受压一生的人多么需要钟馗！没有他的嘉勉，我怎能把鬼打倒在地！"

"他一辈子都在争，争公平，争高下，争第一，到处写文章，争一个水落石出。他像一个斗士，也许他这个斗争的性格，能够让他活到100岁。人就是要有一个盼头，要有一个忙的内容，翻译就是他的忙……他是真的为之奋斗了终身。"潘丽珍说，"没有这个性格，大部分的人都会'算了'，做一天和尚撞一天钟，也可以活。但他不能自甘平庸，他一定要打破这个平庸，要争一个名，每次谈起来都很激动，100岁的人了，还是斗志昂扬。"

事实上，出生于1921年的许渊冲与外界存在着时差。他相信翻译的核心问题是追求美，但这个行业今天真正的问题是生存。千字80元的平均稿酬让文学翻译很难成为一种专职职业，诗歌翻译更是罕有人至的领域。翻译出版最重要的标准是速度，一部外文原著由谁翻译，取决于谁能最早抢到版权、最快完成译文，而不总是谁译得最美。很多书不再有译者署名，因为一种越来越常见的翻译操作是将正文分块，外包给不同人同时翻译，文字汇总后集合成稿，出版成书。

祝一舒的论文完成后，许钧带着一家四口去拜访许渊冲。"看他家里的装修，我一进去都惊呆了。"祝一舒说，"我印象中这样的教授会住比较大气一点的房子，但他的房子除了书，只有生活所需的简单家具。当时他的胳膊受了伤，对着电脑，还在那儿打字，后面全是他的书。我就觉得，他对翻译的热爱是骨子里的热爱，好像睁开眼睛第一件高兴的事，就是让我去翻译。"

这才是一个翻译家身上能够超越时代的共通性。朱生豪翻译《哈姆雷特》是在抗战期间，当时他已经病倒，他将 To be or not to be 译作"生存还是毁灭"，因为他的个人问题就是亡国灭种的集体问题，是进攻的日本侵略军放火烧的书局，是他花了整整一年辛苦译注却被烧成灰烬的翻译原稿。他的胞弟回忆他的翻译动机，是"为中华民族争口气"。在那个时代里，这句译文是一个已在病榻的译者对外面的世界忍不住的关心。

顾彬在第二次世界大战中的德国长大，第一次读到"故人西辞黄鹤楼"让他迷上了李白，如今，75 岁的他仍在每天熬夜翻译李白和杜甫，译中国诗歌不挣钱，他教的学生没人愿意译，"如果我不翻译，基本上在德语国家就没有人做这件事了"，"这是我的使命，也是我的任务"。

其实，一代又一代翻译家真正的敌人，只有时间。赵瑞蕻晚年开始重译《红与黑》，他打算"加上几百条注释，重写译序"，还要写一本《红与黑解说》。1999 年，赵瑞蕻去世，女儿赵蘅的回忆文章中写道，整理父亲遗物时，她发现了那摞《红与黑》译稿，可里面

说，传播中国思想，传播他的翻译，他就都授权，授一大堆权，之后自己法律风险极高。"付帅试图解释这种风险，但家里只有他和照君，两个老人都听不懂。

最后，付帅只能教给他一个极其简化的对策，"非专有，都签非专有。"

许渊冲的学生覃学岚很早就意识到他的这种反差。90年代北大主办过一次诗歌翻译研讨会，请许渊冲发言，他的开场白大意是，我到这儿来是做出了很多牺牲的，现在英国出版社给我的稿费是按英镑结算的，"这倒是实话，但不该在这样的场合说出来，结果惹怒了部分与会者。"可是清华外文系给他过90岁生日的时候，找了杨振宁、何兆武和系里老师陪他吃饭，家人联络了他的崇拜者，从广州专门飞过来，在现场给他送两束花，他反倒发了脾气，表示自己不喜欢搞这一套。

开会提到以英镑结算的书，因为没签合同，只收到了部分稿费，他想跟人打官司，但是律师费两小时1000块钱，是他一个月的薪水，他付不起。最后他发了一通脾气，写了一篇文章来骂，骂完了，继续翻译。

伟大和平庸同时出现在这个人身上。他能把事想简单，不住大房子，也不想要鲜花，至今每天勤勤恳恳翻译，跟所有来拜访的人谈翻译，只想得到翻译上的认同。与此同时，他也把声名的复杂想简单了，在书里批评已故的同行，接受公开采访像私下聊天一样，讲老同学哪些人离婚出轨，生病做了哪些手术……

覃学岚曾任清华大学外文系副书记，分管过学生工作，许渊冲曾明确表示希望邀请自己去外文系给学生去做讲座。覃学岚感到为难，他其实想请80多岁的翻译家分享经验，但是许渊冲的说话方式始终简单激烈，"只说自己好，别人都不行"，这样子给学生上课，年轻人怎么想？

他的生活也随着声名的到来变得喧闹起来。一拨又一拨的人登门，一拨又一拨的采访。许渊冲作为翻译界的神话登上了热门新闻，上了电视，他成了新一代人的大鹏鸟，网上冒出来很多文章，有人夸他，有人质疑，还有人论证他的英语不好。许渊冲还是在书房做翻译，电话在照君的房间，她代替许渊冲和外面的世界联络。那时候，老人常常要自己面对电话里陌生的声音，接连不断地听到，有人质疑许先生的能力，请问你们怎么回应？

许渊冲还是老办法，写文章论战。可时代彻底变了，互联网是一个喧哗的话语场，每个人都在大声说话，付帅帮他找了一家媒体做了访谈，文章很快淹没在海量头条里。

八月十五中秋节，许渊冲骑自行车出去看月亮，月亮照得路很亮，但是他没看到路上的坡，从自行车上摔下来。

在导演朱允拍摄的纪录片里，摔倒的许渊冲瘫倒在地上，打电话叫救护车的人问，"老先生您贵姓？"

坐在地上没法动，许渊冲说，"姓许。"

"哪个许？"

"言午许。"

"您叫许什么？"

"许渊冲，渊博的渊，冲是两点水加一个中间的中。"

讲话的人汇报，"许渊冲，言午许，深渊的渊，林冲的冲，96岁，是北大的老师。"摔倒的许渊冲还在补充，"最近，《朗读者》报道了我。"

在医院，照君心疼老伴受伤，许渊冲说，"月光如水，从某个意义上还摔得挺美的。"

照顾许渊冲的人跟主治医师商量治疗方案。一个96岁的老人要做手术是大事，这么大年龄能动手术吗？不动手术会怎么样，动手术又该怎么恢复？大夫让他放心，106岁的他都见过，现在都能下地走路了。

手术结束后，主治医生出来说，许渊冲这样的他还真没见过，上了手术台滔滔不绝，要跟他讲自己翻译的诗。

醒过来以后的许渊冲眼见着衰老了。每天躺在床上，他没有办法翻译，看书要用手举着，坚持不了多久就会累。来了很多人到医院看望他，送了很多花，录了很多采访，可很少人跟他真正谈论翻译。

晚年的许渊冲常常说一句话，"你要接我的班"，这句话对潘丽珍说过，对俞敏洪说过，对没学过翻译的付帅也说过，但每次他听

到的答案都差不多 —— 这么难的事情，我做不到。

出院以后的许渊冲开始翻译莎士比亚的《暴风雨》，每天1000字，译到中途就放弃了，理由是剧很乱，不美，不好，"不值得我译了"。

《暴风雨》是莎士比亚最后一部作品。这的确是一部少有人爱读的剧，主人公是魔法师普洛斯帕罗，他脾气不好，总是怒气冲冲，有权随时制造暴风雨，一切全看他的意志。作为一个老师，他言辞苛刻，始终怀疑别人是不是认真在听，最常出现的台词是，"听我说！"和"你听到了吗？"。

美国文学批评家哈罗德·布鲁姆（Harold Bloom）提供了解读这部作品的一种视角，莎士比亚在此前作品中揭示的真理是，一个人只能跟自己对话。哈姆雷特在剧中始终大声独白，只有父亲的鬼魂与他短暂对话。而《暴风雨》想要表达的是剧作家从一辈子剧场生涯得到的领悟，不管他的戏写成什么样，舞台上演得怎么样，剧场内观众总是吵闹喧哗，这是莎士比亚在人生终点发现的真理："没有人真的会去听任何其他人说的话。"

他人的伟大

99岁这一年，许渊冲不想译莎士比亚了，他译了一整年的亨利·詹姆斯（Henry James）。他的选择终于变了，既不是最有名的作家，也不是作家最有名的作品，这次是他自己感兴趣的作品。说起这个，他把身体仰靠回沙发椅，对新选择很得意："哎！这本书写得很不错的嗒！"

他说译完了古代，现在要译现代作家。这是一个翻译家迈向100岁的雄心。然而，亨利·詹姆斯是出生于1843年的作家，这部作品"The Portrait of a Woman"通常译作《一位女士的画像》，许渊冲的译本题为《伊人倩影》。

一本名为《伊人倩影》的书能不能在2021年的中文市场卖出去？我问了不同出版社的不同编辑，大家都沉默了。其中一个编辑说，现在许渊冲写什么书她都给出，"不计成本去给他出""我特别愿意维护他这样的人，把这个梦维护好，让他觉得自己这辈子活得特别有意义"。

或许，伟大也发生在许渊冲的周围。他的伟大是一种简单，而让这种简单能够在现实中落地的，是那些代替他消化了复杂的人。

长期以来，妻子照君承担了一个翻译家的全部生活，买菜，做饭，打点人情关系。许渊冲喜欢吃甜的东西，喝牛奶要放糖，喝粥也要放，水果要是不甜，他就不吃。照君会给他准备蛋糕，在冰箱里放好。夏天挑甜甜的哈密瓜，切成一个个小块，放在盘子里，等他翻译以后吃。

许渊冲曾参加国民党三青团，公开发言也不止一次越界，但他一生都没有划过右派，定性始终是"业务讨论"，他写文章解释为"稀里糊涂没有被划成右派"。这份极其罕见的运气可以从照君的履历里找到答案。照君，原名赵军，俄语翻译，14岁参军，年轻时当机要员，得到过毛泽东接见和提点，"昭君要出塞的嘛！"从此改名照君。关键时期，许渊冲的院长是照君参军时的政委。

"他在人际关系上没有一个两岁孩子懂事，非常的直，所以纯真啊，就是指的这个，我偏偏就喜欢这个。"照君2017年在《鲁豫有约》的采访时说，"很幸福，也很辛苦，因为那个时候像我这样的人很红，很受信任，所以人家说天底下哪有这么大的大傻瓜，放着阳光大道不走，专走那独木桥，就把这些人打成了臭老九，就是改造的对象，我就觉得我这个独木桥，想在这样的人（身边），才好。"

照君在采访中说许渊冲是自己崇拜的偶像，他身上有一代知识分子的精神，自己在他面前只能算"小学生"。有一次付帅带着妻子去家里拜访，刚好电视台寄来节目录像，照君招呼他们一起看。节目一开场，许渊冲说起初恋哭了，付帅特意回头看了一眼照君的反应，"还是一脸崇拜地看着许先生"。

付帅最后一次见到她是在医院，老太太一个人躺在病床上。他后来一想起来就生气，"去世有可能都是累死的，就被你们媒体们，因为去了《朗读者》一下就爆火，一天好几拨人。"那一天，她已经认不出来付帅的脸了，只是握着他的手，两个人掉眼泪。他们最后的聊天是教老人使用微信。她买了iPad，付帅手把手教她设置，她给自己取了一个微信名字，叫作"春暖花开"。

2018年，照君去世，许渊冲在葬礼上号啕大哭。冯庆华当时在上海外国语大学当副校长，得到消息后，他第二天赶了早上的高铁到北京，看望自己的导师。97岁的老人一个人在家，推门进去，房间里安安静静，许渊冲坐在电脑前，还在做翻译。

在后来的两年多时间里，照君的房间基本保持了去世前的状态。桌子上放着大号数字键盘的电话、放大镜，放在最上层的是拆了封的EMS快递包裹，时间戳还印着2018年。她的座位靠墙边，那是一个没有人再去坐的空椅子。

现实问题是他人帮了忙。许渊冲住的老式板楼，上下楼都要爬楼梯，俞敏洪给北大写信，八九十岁老教授住楼里，无论如何得把电梯装起来。后来跟北大校领导吃饭，他当面又提了一次。现在整个畅春园老楼都装了电梯。

书桌前的许渊冲依然活在现实之外。他想去付帅的书店看看，在厚睡衣外面套个夹克就出了门，付帅怕老人冻着，把大衣脱给他穿。过去合同都是照君管，付帅问他，以后的版权问题怎么办？许渊冲告诉他，俞敏洪要给他在北大弄一个许渊冲翻译研究院，到时候找研究院。他记住的还是10年前的答案，"非专有，我记着呢！"

但是，现实有它自己的复杂。俞敏洪并没有想过办一个"许渊冲翻译研究院"，因为要是研究翻译，"必须有一批人来做，这批人就得（有）每年持续的基金投入"。"我跟他说，给他弄一个纪念馆，但是我不能做你一个人的纪念馆，因为北大外院有那么多著名教授，要做一个统一的纪念馆，你是其中的一部分。"俞敏洪说，"你想北大怎么可能为了许渊冲一个人建一个纪念馆？但是如果我说为北大外院建一个纪念馆，北大是不可能不同意的。"

俞敏洪看出来了，他的老师简单，这是他的特点，也是他的优点。"我觉得他人生特别简单，他的人生并不复杂，他的思考也不复杂，他其实并没有去想那么多的纠结的哲学问题，人生终极目标问题，他不去想这个问题。就简单（活）在我翻译这件事情上，觉得特别有意思，特别有意义，我要把翻译做到极致。他甚至都不去想我要不要促使中西文化交流这件事，他认为（翻译）这件事本身就在里面了。老头很纯粹了，纯粹到每次见到你，拉着你就是讲翻译，从来没讲别的。"

Now Night

迈入100岁的新年前，冰箱里放着蛋糕，一盒挨一盒，整整齐齐码在隔层上。狭小的客厅没有直射的窗户，到了中午依然昏暗。餐桌上放着一排旺仔牛奶，一排椰汁，都是甜甜的味道。唯一的变化在照君的房间，书桌收拾干净了，2018年的旧包裹纸没有了，地上多了一盆蝴蝶兰。

争了一辈子的不平庸，在那天下午缓和了一会儿。我拿了他的日记给他看，告诉他，平庸的感觉，大家都会有。他看不清书上的字，想了好一会儿，背出了80年前钱锺书的原话，"Everything is a question mark, not a full stop."（一切都还是问号，而不是句点。）

"是不是庸人啊，不能解决的，应该说，每个人都是庸人的。唉，这是一个永远的问题。能解决也是我自己的解决办法，别人不一定懂。我自己，现在也觉得是庸人，很多方面都是的，我吃饭，译这些作品，都是庸人的事嘛！过了几十年了，各种看法，不是都绝对有道理，看多了，见多了，我自己也是变的。"对话中，他第一次把自己说得笑了起来，"原来太固执了。"

连 To be or not to be 的其他译文，包括朱生豪的"生存还是毁灭"在内，都得到了包容。"我是根据莎士比亚，应该是那个意思，要不要这样过日子。但是别人别种译法，也不是说不可以，也可以。"

那个下午的许渊冲展现出自己不太常见的那一面，连声音都没那么响亮了。他主动说自己得意的"无边落木萧萧下，不尽长江滚滚来"，前半句其实是卞之琳译的，上课听了一直记着，在他的基础上补了后半句。翻译上也有不少比他厉害的人，看到毛泽东诗词法语译者翻得好，他就不翻了。

但这份包容没有持续太久，他再次进入了敏感的自卫状态。他的对话里有个敌人，他用语言一再对抗它，强调翻译《静夜思》"没一个比我好的"，批评在舞台上说"生存还是毁灭"绝对不行，"这个笑话了！"

一个人的慷慨陈词后，他又短暂睡着了。照君房间的墙上挂着他最喜欢的对联，后面一联"自卑使人落后"磨得破破烂烂，"落后"

两个字被电视挡住，"自卑"不知从什么时候被撕掉了一半。前面一联是"自豪使人进步"，完好无损地挂在窗边，每个有太阳的上午，阳光都会照在上面。

醒着的时候，他批评了汉学家柯睿（Paul Kroll）翻译的"故人西辞黄鹤楼"。这是他在70年代读到的错误，柯睿把"西辞"错误翻译成了"going west"，"这句一错全错，故人西辞黄鹤楼，是离开了西边的黄鹤楼，从黄鹤楼到上海，这段美啊！他说是黄鹤楼往西，到四川，那一路哪能比呢？这是外国人翻的，这是我指出来的错误。"

没有手机，不会用网络，获取信息的主要方式是每天下午的《参考消息》和晚上的《新闻联播》。外面的世界离他很远，家里最新的工具书出版于1961年。他并不知道柯睿在1981年就更正了译文，"going west"早已是一个不存在的错误。

"我100岁了，好像我不知道哪个（人）100岁翻这么些书？世界上有没有第二个？"他突然停了下来，又问了一遍，眼睛里是不确定："有没有第二个？"

暮年出发的赛跑里，只剩下了他一个人。环绕房间的书架上有全世界迄今为止最伟大的思想榜样，李白、司汤达、莎士比亚，但每个人都被他找到了缺点，他的世界里没有英雄，都是凡人。他付出一辈子的热忱，验证了青年时代读到的尼采——上帝已死。但是上帝死了以后怎么办？谁都没有正确答案。他显然已经完成了一件伟大的事，一件谁也没做到的事，但"我是不是一个庸人"，这个问题直到今天，依然是一个问号，没办法画句点。

所以，他还得继续写，还想继续译，还要继续出书。100岁这一年，即将出版的新书是他的《伊人倩影》。他一直喜欢写译者序，这次罕见地不写了。他说，作者已经写得足够好了，这就是我想要说的话，放在前面就可以了。它是这样写的："《伊人倩影》是一本写梦想如何没有成为现实的小说……"

天气好的下午，许渊冲依然要去公园散步，自己挑一个位置，坐长椅上，戴着墨镜，晒着太阳。那是一个令人费解的位置，他选了整个公园最偏最窄最荒凉的一个角落，往前看是北京冬天光秃秃的树枝、公园的铁围栏、堵在眼前的公交站广告牌，挡住了大部分视线，他到底在看什么？直到摄影师告诉我，那天好几百张照片里，他的眼睛没有一张是平视的，每一张照片里的他都在向上看。所以，我们眼前的萧条、嘈杂、绕不过去的绝路，也许他根本就没看到，他的眼睛里一直是天空。

公园有段时间因为新冠疫情封闭了，他让亲戚开车带他看看北京。他们绕着北京城走了一大圈，坐在车里他看得特别认真，路过社科院的时候，他说钱锺书在这里的时候他去过，路过公主坟的时候，他说结婚以后跟照君在这儿吃过饭。亲戚专门开到了国家网球中心，让他下来看看。前年坐火车去成都，中途报站到了洛阳，他站起来想下车，他要去看洛阳。

腿摔伤后，就不能骑自行车了，后来又摔了一次，自己下楼也很难了。每天需要保姆骑电动车载他，才能去两公里以外的公园。学生送给过他一辆复古自行车，停在楼下的自行车棚，上面积了厚厚的灰。

他说很长时间以来，他察觉不到自己长了年纪。眼睛里是400年前的莎士比亚、1000年前的李白，每个字从没变过。直到发现自己翻译变慢了，眼睛看不清楚了，举着放大镜看，过不多久也酸了。翻译到中途常常不知不觉睡着了，醒过来再继续译。连最骄傲的记忆力都在变模糊，有的事情记得住，有的事再也想不起来了。

下午3点，暖气片上的旺仔牛奶烤得温热，冰箱里的蛋糕切下来一块，用小叉子吃。他最爱吃蛋糕的奶油尖儿，是一种甜甜的味道。晚上看《新闻联播》，偶尔看看电视剧，到了11点，他又要一个人回到书桌前。即将迎来人生的第100年，要怎么过这样的日子，晚上继续翻译莎士比亚，还是写回忆录，To be or not to be，这是一辈子的个人问题。

（吴扬、王咏刚、邢志忠、陈刚、胡晓凯、徐谙律、冯兆音对本文亦有贡献）

钟叔河：

我的杯很小，

我用我的杯喝水

文／龚菁琦　编辑／姚璐

> 人要有自己独立的想法。真正能够不用别人的杯子喝水吗？其实也未必尽然，不过有这么一点儿洁癖，就不那么容易随着大流吃大户罢了。
>
> ——钟叔河

1

见面时间约在上午 8 点，91 岁的出版家①、学者钟叔河，时间安排不留一丝缝隙。上午属于医生，下午属于工作。

他觉得上午聊天比较好，虽然是他最脆弱的状态 —— 9 点和 10 点半两位理疗师分批次来按摩软僵的手臂。中风是去年夏天的事，那之后，他的半边身子无法动。被固定在床上的是一位衰老的普通人，鼻里有氧气管，需要由家政工随时递上水。按摩时没有什么表

---

① 本文首发于 2022 年。——编者注

情，风浪里打滚近一个世纪，他的眼神定定的，眼珠子呈现一种岁月打磨过的淡蓝色。聊到中间他偶尔说，"疼"。

窗外是"温郁的南方"，天空像蓝色的丝绸一般舒展，空气柔软而温热，树林郁郁葱葱，到处都是玲珑树荫。此时他的卧室，一张从中国台湾买来的病床，书桌，只能看海外频道的电视机，理疗师、家政人员，再无人打扰。而上午一过，老人钟叔河午睡片刻，出版家钟叔河就会醒来，那时的他，不能再回答任何一个完整的问题，时间切割给出版、写作等事务。

20世纪80年代，他编辑出版"走向世界丛书"，收集整理1840至1911年间中国人到欧美、日本通商、留学、出使、游历和考察留下的日记、笔记和游记，在当时的出版界产生巨大影响。当时，"文革"结束不久，这套书以宽广的视角，记录了近代中国人第一次睁眼看世界的模样。100多年前的钦差官员、驻外使节、出访学者，身在域外，怀揣着问题，以如饥似渴的心情，注视着一切先进事物。这套丛书出版之时，中国人再一次踏上了"走向世界"的征程。

李鸿章最关心的是甲午中日战争我们为什么打败，郭嵩焘最羡慕的是，"西方无讳名之典，其君之名国人均可呼之"。钱锺书评价，"叔河这一系列文章，中肯扎实，不仅丰富了我们的知识，而且很能引导我们提出问题。"

"一个国家、民族，恐怕不应该也不可能长期和别的国家、民族隔绝开来，不能够自绝于这个世界。"正是这种思想，使得钟叔河经历了阿·托尔斯泰说的，"苦难的历程"。

去年拍摄的《十三邀》播出后，来走动的人更多了。但是老人不上网，各项评论由他合作的岳麓书社图书编辑李缅燕转达，近年和年轻人的联络也靠这条线。另外还有一件事，是到了晚年他没想到的，他所写的《念楼学短》，初版只印 3000 本，2020 年后浪出版公司再出，卖了 10 多万本。

钟叔河说，这本书的初衷，只是给孙女读书做引导用的，大概相当于文言文的导读和今译。他住在二十楼，于是称自己的居所为"念楼"。

清人富察敦崇《燕京岁时记》"秋果"一节："七月下旬，则枣实垂红，葡萄缀紫，担负者往往同卖，秋声入耳，音韵凄凉，抑郁多愁者不禁有岁时之感矣。"

"念楼读"曰："七月秋风起，枣树上挂的果渐渐变红，架上的葡萄也越来越现紫了。到月底这两样便开始上市，在水果摊子上总挨在一起，紫紫红红，十分好看。小贩们叫卖吆喝声，本是市声中热闹的分子，可是在秋风中听起来，不知怎的却似乎带着一点凄凉。尤其在自己心情不好的时候，它会使你想起，一年容易，又是秋天了。"

随手写来，并不做作，而文情俱胜，正恰到好处。这是周作人称赞苏东坡的话，放在这里似乎也合适。他说自己写得很少，写不出时，绝不硬写，这样写出来的东西，虽然不好，至少不会太丧失自己的本色。喜欢的文章也是自然大雅，"其反面即是梳妆打扮，装模作样，这本是一切文章的大忌，能够用简简单单几句话，把自己的意思或情愫朴素地传达给对方，那就很好的。"豆瓣上有人评价，"饶有趣味，短小精悍，像老朋友随手发的朋友圈合集。"

在湖南出版投资控股集团工作的王平，今年72岁，38岁才进入出版社，住在钟叔河家楼下。住得近，和这位老先生心也近。在他看来，长沙人有两种脾气，一是讲经世致用的经院做派，一是打得转麻将，骂娘撒泼对生活投入无限热情的市井做派。王平和钟叔河也谈文论理，但谈得更多的是生活里的屁话、琐碎的话、下里巴人的话，为了一条黄鸭叫是怎么来命名的，吵几个轮回，"这有什么哲学和道理呢"。

因为工作的关系，王平在北京见过很多大家，身上气味和钟老不同。钟叔河有一种趣味、野味，两种气贯通圆融，这得有一颗平常心，用市井小民的方式去思考知识分子的问题。

钟叔河也从来认为自己的学问很少的，一种外文都不懂，"现代不懂外文的，基本上都不能算知识分子，因为任何学科都全球化，不了解水平动向，怎么能搞专门的学问。"不过，这并不妨碍可以有自己的历史观。历史里闯荡的人，心灵须有超乎常人的承受能力，要目睹历史之翻手云覆手雨，要经历无数忠良的冤狱和奸佞的横行，还得时时感叹人生的渺小和虚无，稍不小心压垮你的，不是浩如烟海的学问，而是对人类本身本性的怀疑与忧患。

钟叔河关心的问题没有那么多宏大词汇，"现在最关心的是什么，生活可以过得更好一点吗？社会能够有更多的进步吗？"

2

老人们喜爱的打麻将、唱歌、跳舞，钟叔河从不沾边。老伴朱纯在世时，在客厅安放一张台球桌，他最多只肯和老伴打打台球。朱纯过世了，他也一年比一年老，正好作为懒的借口，以前一个月下楼一趟去理发店，现在叫女婿来家里帮忙，连这个都省下了。有时读者寄来一大包书要签名，他实在没力气去提，就原封不动寄回去。

他最不爱傍晚去公园散步，"碰到的全是跟我一样为苟延生命锻炼身体的老年人，彼此看见像照镜子，互相提醒日子不多了。所以我宁愿去前边看工人修路，那地方尘土飞扬乱哄哄，但气氛比公园好得多"。但思绪并没停下，每天读书看报，对外界信息的掌握非常及时，哪里修路建桥都知道。我们去的那天，电视机里放着中国台湾的新闻，吵吵闹闹的，他还兴致勃勃展示，如何播放外文电影。

躺在床上，对于人生的阶段，他的分类是，年轻人幻想明天，中年人注重今天，老年人回忆昨天。对他本人而言，1949年进入《新湖南报》当记者，1957年，他26岁，被打成右派去职，他就结束了幻想的时代，提前进入中年。1970年，他因言获罪判刑10年，48岁平反之后，一头扎入历史的回顾与思考中，实际上进入了老年。

去职那些年，引车卖浆，力佣为生，像托尔斯泰说的，"清水、血水、碱水都已经泡过、浴过、煮过了。"20世纪50年代后，中国知识分子经历相似的命运，但凋零的、枯萎的、开花的、结果的，各个不同。

他也爱讲自己的苦难史，但经他的嘴说出会染上淡淡的家常色彩，《今日名流》的报道里写道，"他讲那些人的生或者死，如同一个家庭主妇讲她的鸡鸭发瘟了，有的死了有的活了，活的接着喂，死的挖个坑埋了完事。劫后漠然，漠然深处大悲哀。"

在牢狱里，他见过12岁的少年犯，因为写反动标语进来，却很高兴自己被判10年，因为牢里的食堂有油条包子吃。而一个男人的命也就值一条短裤——给犯人发裤子，一个人收到的是短裤，要求换一条不成，自杀了。

"苦口婆心地做了好多启蒙，这么多启蒙还不如一次大事件的亲身经历带来的影响大。"命运交织在20世纪几场大运动中的钟叔河，在牢里常常思考，"我们这些人没有犯罪，没有强奸、杀人、放火为什么要坐牢，至于一个原因，我们没有出问题，是这个社会出了问题。"

在牢房里，在绘图室一位青年工人的帮助下（他以那位工人的名义借阅），他借了《资治通鉴》和二十四史等史籍，也是在那个时期，他已经着手搜集和研究旅行西方的中国知识分子的记述。在信中，他和妻子朱纯说，"反正饭还是要吃的，书还是要读的。要我们死我们是不得死的，我们得坚持活下去。"

3

钟叔河能将其视为知己并且惺惺相惜的人恐怕寥寥，湖南人民出版社前总编辑朱正算一个。他们的友谊贯穿了几乎整个当代史。他们同年同月生，同时进入《新湖南报》，一起被打成右派，又关在同一个农场改造。朱正研究鲁迅一辈子，钟叔河则自称周作人的拥趸，曾任岳麓书社总编辑的曾德明称这两位是"异姓兄弟"。《人物》在长沙城南拜访了91岁的朱正，二人都老了，他和钟叔河也已经一年多没见面。说起两人的优点，朱正说，一是有勇气，一是活得长。

要不是活得这么久，就也没什么成果了。而勇气，朱正认为，"他有些事我看也不具备条件的，他也把它做起来，他勇气更大，有些我不敢做的事他都敢做。"这件有勇气的事是指，1979年从牢房里出来后，钟叔河到出版社任职，出版了"走向世界丛书"，"一出牢门，便走向世界"。

到了晚年，鲁迅在朱正心里也悄悄发生着变化。在一排关于鲁迅的文集书架前，朱正谈到他的心路历程，写第一本《鲁迅传略》时，他25岁，仰视鲁迅，视为偶像。鲁迅去世时55岁，朱正活到和鲁迅去世年龄差不多大时，开始平视。到了90岁，鲁迅成为他眼里的年轻人。

鲁迅的特点是激愤，不破不立。朱正原是个愤青，欣赏鲁迅的文章，但上帝允许年轻人犯错误，没有说允许年老的人犯错误，所以他现在不能做"愤老"。

而对钟叔河来说，他更欣赏更为平和的周作人。他最早知道周作人，是在解放前的课本读到《金鱼》《故乡的野菜》等文章。到了20世纪60年代，钟叔河已被报社扫地出门，一家老小寄身在澡堂，白天靠拉板车度日，晚上在如豆的灯下读当作废纸买来的"旧书"，看到了报纸上的《儿童杂事诗》，于是尝试着与作者通信。在小店买来的"一面粗一面光的极薄而劣的红色横格'材料纸'"上，他写道：

"说老实话，先生的文章之美，固然是对我具有无上的吸引力，但这还不是使我最爱读它们的最主要的原因。

我一直认为，先生的文章的真价值，首先在于它们所反映出来的一种态度，乃是上下数千年来中国读书人最难得有的态度，那就是诚实的态度：对自己，对生活，对艺术，对人生……对人类的今天和未来，都能够诚实地，冷静地，然而又是积极地去看，去讲，去想，去写。"

他请周作人为自己写一幅字，来自《雨天的书·蔼理斯的话》。

周作人回信了，他说自己"无法购置稍微合适的纸笔"，但还是写下了这段话：

"在一个短时间内，如我们愿意，我们可以用了光明去照我们路程的周围的黑暗。正如在古代火炬竞走——这在路克勒丢斯 (Lucretius) 看来，似是一切生活的象征——里一样：我们手里持炬，沿着道路奔向前去，不久就要有人从后面来，追上我们，我们所有的技巧，便在怎样的将那光明固定的炬火递在他的手内，我们自己就隐没到黑暗里去。"

后来钟叔河费了许多力气，编成了中华人民共和国成立后第一部完整的周作人作品集。他觉得周作人身上的自然、平和是有建设性作用的。周作人给他的影响是，"我既不是佛教的信徒，也不是基督耶稣的信徒，我只相信知识和伦理。"尊敬父母、尊重老师，是对的；学生去打老师、知识越多越反动，那是不对的。只有常识、知识是超时空的。真理其实是很平凡的东西。

回想自己26岁从报社出来，在社会上拖板车，他很快摆正自己的位置，怀才不遇，郁郁寡欢，都没有发生。他有异于常人的生存能力，命运阻挡他一下，他总能转个弯，再长出去。钟叔河也觉得从来没有委屈过自己，在街道工厂，妻子朱纯成了五级木模工，他成了六级绘图工。他乐于做这些事情，从微小生活里发现巨大的乐趣。即便是坐牢，他也说，自己其实没吃过什么苦，因为心里是清楚的，并不是自己的错。

到晚年，女儿和他说，希望爸爸多休息，享享福。钟叔河大发脾气，看书、写书，就是最想做的事，就是享福，难道吃喝玩乐才是享福吗？他不抽烟、打牌，不讲究吃穿，就是看书、写文章、校对过去的出版物。在他的"念楼"，聊起过往和历史，聊起生活点滴，以下，是一位91岁老人对世界要说的话。

人物PORTRAIT=P

钟叔河=Z

"宁肯去看工人修路，看别人建造点什么才开心。"

P: 你说自己是一位不合时宜的老人，在离休老干部群中也可以说是异类。晚年生活除了理发，足不出户，时间花在什么上呢？人不能动的时候，怎么安排生活呢？

Z: 拿笔写。写得完也好，写不完也没有关系，我原来写的文章里面，有很多就是写的我自己的故事，别人把它们放在一起，我是个什么样的人，一看就看出来了。最近还在给别人写嘛，朋友办的杂志，它上面会发表我最近写的几首送给别人的诗。

我现在做好了随时可能死亡的准备，但是我也并不会有意地为了死亡去做什么具体的动作，还是按照我没有死的前提，常规在看这些书。什么时候终止就终止嘛，没有关系的。没有终止，我就一天天看下去。

P: 客厅有一个台球桌子，是很喜欢打台球吗？

Z: 我不喜欢打台球。

P: 为什么要这个桌子？

Z: 我从来不喜欢动，老伴朱纯在时，她觉得我长年坐着不动不好，就让我打打台球，她就找了个台球桌子强制我打。上午打一次，下午打一次。她走了以后，我就很少打了，现在根本不能打了。

P: 台球其实还是要几个人一起打。

Z: 她在家，她叫我打，我不能不打。我知道她是好意嘛。她要拉我出去散步，我以前同去过，后来我不愿意下楼了。

但我并不认为搞锻炼对于延长寿命有什么直接的意义。我从来没搞锻炼我也活到91岁了。（我）不喜欢到烈士公园，看到苟延生命的老年人，彼此看见像照镜子，互相提醒日子不多了，宁肯去看工人修路，看别人建造点什么才开心。

朱纯她最喜欢搞锻炼，她不到80岁就走了。（我的）保姆说，朱娭毑在的时候，喊我不动，她就一句口头语："钟叔河啊，你不动，你很快就会死，你死了这些东西都是我的。"她也死了10多年了，我还在。我的父亲也从来不锻炼，他也活了90岁。

P: 最近在读的书是什么？

Z: 你把那四本书的头一本给我，王鼎钧的《昨天的云》，他的年龄只比我大5岁，我们是同一个世纪的人嘛，四九年他到台湾去的时候我刚刚毕业。

P: 现在回忆起以前读的这些书，看的那些诗歌，有反复想要去阅读的一些东西吗？到了现在的这个年龄会有很不一样的感悟吗？哪些是留在你的印象中很深的永恒的东西？

Z: 好比我现在看的这个书，也是很偶然谈起来的，有人送给我，我觉得看一看也可以，也还看得。王鼎钧的眼中，对他的家乡、家人、学校、老师，都是肯定的，他都是很满意的，这也是一种看法。老实来讲，回想一些满足的事情、美好的事物，是一种好的现象，我并不喜欢"一个都不宽恕"的态度，死的时候还恨别人，我很不喜欢。

旧文化的传统，应该说负面的东西是很多的，但也并不是说都是很坏的东西。我们表述一件事情，或者说明一件事情，用的文字最简单的、最简明的，就是中国的古文。

现在觉得，要以一种善良的眼光去看待过去，看待伦理，看待普遍道理。

"选择妻子，就是选择自己的儿女的母亲"

P: 跟朱纯老师相识、相知、相爱，在那个时代应该也算是很特殊的。经历了这么多磨难，能够一直维系感情的原因是什么？

Z: 我一直认为我找了朱纯，是我的一个成功。讲起来，我其实原来有些自私。我没有结婚的时候，那时候半开玩笑，但是也反映一些倾向，就是说我找老婆，我有一条，就是她的工资不能比我低，为什么呢？我是一个大花钱的人，我有一个钱用一个钱：好吃东西，喜欢买书……我和人建立家庭，她的收入如果很少，她就要管你的钱——那不能不管，家庭里有小孩（要养）啊，她如果收入跟你一样，就比较大方了，就不会盯着你的钱全要交上去，那这里矛盾就会减少很多。这我是公开讲的。朱纯比我大两岁，工资和我同为十八级。

P: 是的，很有道理。所以这是一条，那其他呢？

Z: 当然首先还是两个人要有共同语言，不是要专门去找钱多的，那是开玩笑的话，但是也反映了自己的思想，我可以找更年轻的，可以找更漂亮的，那有很多，但是首先还是要找能够跟自己同甘共苦的人。

就是说，我也不讨厌她，没有什么讨厌的因素。有的人、有些东西很可爱，或者吸引力很强，但是也有一些不可爱，或者不能接受（的成分）。我在她心目中，也应该没有让人讨厌的成分，那才能够结合。不然的话，以后觉得讨厌的地方会越来越多。

我判刑10年，到第九年才平反。我们有几个小孩子，而且我母亲（到去世），都是她照拂的。等到我平反的时候，我也还不老，49岁。那时从牢里面放出来，我就是一个很好的丈夫。

P: 晚年时期的婚姻给你的滋养是什么呢？和朱纯的关系是什么样？

Z: 好的理想的夫妻关系，我认为就是对方都成为了自己生活的一部分，没有她就不行，而且事实上，也不是另外一个人可以替代的。那样的家庭就是一个稳固的家庭。

我就觉得她好，她对我好，我对她也是好的。（我们在）报社那时候都年轻，我27岁，她29岁，都还年轻，当右派的时候我受的处分是很重的，她如果不是我的配偶，也可能会划右派，但是不会处理得那么重，但是她从来都没有埋怨过我。这是很容易埋怨的呀，说就是你，要你不这么去讲这些东西，怎么会害到我们。她从来没有埋怨过，就这一点，她比我的耐受性还强一些。最后都得搞劳动谋生，她做木模，她评级是五级木模工，做模型做得很好的。

外面这样的诱惑都是有的，男女双方都会有这些诱惑。婚姻要能够经得住考验，就是说夫妻彼此之间的吸引力，强过了那个诱惑力。夫妻之间度过的苦，建立了堡垒，这个夫妻（关系）才能稳固，勉强接受是不行的。

P: 现在大家的状态是很原子化，很多人很孤独，但好像也不愿意去找一个伴侣。你觉得，伴侣的意义是什么呢？

Z:并不是说，我感觉到有社会义务，才会想去传宗接代，或者家庭要我去传宗接代。我作为一个人，自然到了时候，就需要有一个家庭，需要有妻子，我是讲真话，我是这么一个人。

当然了，就普通人来讲，一般来说有了孩子，而且孩子是可爱的孩子的话，那个家庭也应该就是比较稳固的了，因为这个父性和母性，还是人很强烈的本能嘛。一般的人不会愿意跟这个人生的孩子又去喊另外一个人做妈妈，也不会愿意自己很可爱的孩子去找另外一个妈妈，孩子也会不接受的，从这一点出发，伴侣是有意义的。

选择一生一世的人，这倒没有什么高深的道理，选择妻子，就是选择自己的儿女的母亲吧，看你想儿女从她的身上继承什么。

"让每个人能够按照自己的想法生活，就是很好的社会"

P: 现在很多年轻人都有一个巨大的不安，不知道未来是什么样的。这种困惑和你年轻时的困惑有类似之处吗？

Z: 不能说是类似的，像我经历那个抗战时代，是个特殊的时代，东亚、中国也经历的是一种不正常的历史。当然问题是一直存在的。我们十几亿人，你不要小看这十几亿，这是一个巨大的质量。质量大的东西，惯性就大，就越不容易改变轨道，这就是我们的国家。

P: 学者许纪霖曾说，"苦口婆心地做了好多启蒙，这么多启蒙还不如一次大事件的亲身经历带来的影响大。"20世纪你经历几次历史大事件，是什么促使你开始反思？

Z: 我讲平生无大志，只求60分。读书大学毕业没有问题，留不留学我都没有太大的愿望，找一份职业，建立一个家庭，过自己的日子，就只有这样的理想。稍微多点点，比别人是想多看几本书，也许，我当一个中学老师，也许我到报社、出版社当一个编辑，我还是可以称职的，并没有想要做什么大人物。

我作为一个对社会无害的人，不曾危害过社会，没有犯任何法，说一句重的话，连交通规则都没有违反过，过马路都一定会走人行线，把我关到牢里，（我）感觉到自己不应该是这样的待遇，那就会去思考一些问题。

P: 其实说要去怀疑，是需要勇气的，或者说是需要一种胆量。

Z: 我一直在思考，真的绝大部分人不会对政治感兴趣，我讲人的本能，要吃饭，要穿衣，到了时间要组织家庭，要生小孩，这是人的本能嘛，只要把自己的日子过好就行了嘛，那就是理想的社会。

P: 为什么这么说？

Z: 只有让每个人能够按照自己的想法生活，就是很好的社会嘛。人要有能免于匮乏，还要能免于恐惧的自由，我不要因为我的信仰、我的乐趣或者我的人生会受到迫害。当然，如果去违反社会公德，那受到处分是应该的。

P: 人是靠某种期望、对某种前景的信心活着的。当这种信心受到冲击，甚至引发了某种危机时，人应该怎么去面对？

Z: 我认为，所有的人不要以为自己有多大的社会责任，不要以为自己有多大的社会能力。让自己活也让别人活，这是孔子所讲的，"己所不欲，勿施于人"。这是所谓恕道，"如"字下面一个心，恕道。长沙人有一句话，"将心比心"，将我的心比你的心，也就是所谓的同理心。让每个人按照自己所需要的形式去生活，只要他不影响别人的生活。

P: 什么是比较好的生活，这会有一个共识吗？

Z: 所以这就有各种各样的主张，应该允许人有不同的选择，应该允许每个人保有他自己的人生。

有些人认为自己是绝对正确，其实不可能有绝对真理。因为人并不完善。我这个人体就不完善，我这一边就不能动，我没有办法战胜疾病。好比人和病毒，是共存的，这是常识，有人的时候就有病毒，包括鼠疫，包括黑死病，（它们）并没有消灭人类，原始人没有任何防御和卫生常识，那时候就有疾病，人本身是有免疫力的。

中国的文化传统，我的看法是并不都很好，不然就不会要革命，但当然有好的一面，比如基本的伦理道德。但运动有时就会把传统的伦理观念完全摧毁，这带来的后果也是很严重的。破旧立新，搞不好也容易变成运动，运动有时就会违背常识。

人类在不断地犯错误，你只能以常识和伦理，作为社会的规范，因为那是人类从远古以来到现在大家的共识，一加一等于二，H_2O 就是水，这就是真理。（好的）社会要从情理出发。

"不愿做一个信徒"

P: 你是怎么开始阅读周作人的？在你的儿童时代，他对你的影响是什么？

Z: 我结交周作人是有缘。因为抗战，父亲把我送回了平江老家，当时我是一个小学生，我的书只有哥哥姐姐的教科书，那些书不是给我看的，是他们读的书，不要了，书丢在家里。我很喜欢阅读，《红楼梦》是几岁就开始看的，开始看，关心的是（他们）吃什么东西，穿什么衣服。

因为我辈分大，别人喊我叔公，不敢跟我玩，母亲因为我是个顽劣的小孩，对我严管，只有拿本书看，所以就养成了我不喜欢集体活动、不喜欢玩的习惯。当时看教本，也是解放前中学课本的知识，就是选的一篇篇文章，上面有作者名字的，选得最多的就是胡适、周作人、叶圣陶、丰子恺、冰心、朱自清，鲁迅选的也有，比较少。开始看，最先记得的、喜欢看的是冰心的和朱自清的。现在我还能背《匆匆》：燕子去了，有再来的时候；杨柳枯了，有再青的时候；桃花谢了，有再开的时候。但是，聪明的，你告诉我，我们的日子为什么一去不复返呢？很好读，小孩也懂得。但这样的文章，读多了几遍就没有味了。周作人的文章，开始看不是很容易懂的，因为一个课本上文章只有那么多篇，翻来覆去地反复看，看多了几遍，发现他的文章有点意思。

P: 什么意思呢？

Z: 有些言外的意思。最先看到的一篇，题目叫作《金鱼、鹦鹉、叭儿狗》，其实是《金鱼》那一篇的摘录。里面写喜欢动物，不喜欢哈巴狗，不喜欢鹦鹉，也不太喜欢金鱼，都是人工培养的东西，在水里面看自然的鱼（更）有味。他也是通过动物来讲人的性格。鹦鹉学人说话，讲几句重复的话。他的文章开始看，不太容易看下去，但是这样，更吸引你想把它读懂，能够抓住你，引起你去思索，激发你的想象，而且每一次看每一次（都有）不同的感觉。别的文章很难做到这一点。

P: 周作人是宽容的，其实他对自己很宽容。我也很想问问，北伐失败以后，他不就闭关了吗？当时鲁迅还评论他"有意低徊，顾影自怜"，这是不是知识分子的一个缺点？怎么看待他身上的这种逃避和软弱呢？

Z: 他是一个教书的人，对吧？他的社会职业是在北大教书。我认为他能够教好书，他的学生认为他是一个有学问的教授。他也不是社会领袖，他也不是什么负责人，没有搞什么社会活动。像胡适他们还参加了一些活动。

P: 你为你的朋友题字，写的是周作人的"一切哲学始于怀疑终于信仰"，你也谈到过，"不愿意做一个信徒"，那在牢狱之灾等等最低谷时，被信仰诱惑过吗？

Z: 我没有信仰，我也不是宗教教徒，我以为西方的文化是基督教文化，很多东西同理的基点在这个信仰上，我能够理解，但是我们不是西方人，我也不信仰基督。

这个话是周作人的话，他的第一句话讲，"我求知的心既然不很深，不能成为一个学者"。这是客气话。他的确也不是任何一个专门学科的学者。"而求道的心更是浅，不配变作一个信徒"。我并不追求所谓主义、理论，所以我不能成为任何信徒。我既不是佛教的信徒，也不是基督耶稣的信徒，我只相信知识和伦理。

P: 不愿做一个信徒的好处和代价是什么？

Z: 我的母亲管我，对于我的性格，起了不好的作用，养成我叛逆和反领导的情绪。我讲老实话，我并不认为我的情绪百分之百对，并不是反抗权威就是很好的性格，有的时候权威也不一定是错的。

我那时候在岳麓书社当总编辑。有一天，一位领导派一个秘书，开一部车，到岳麓书院来找我，他说请你到领导那里去一趟，我说有什么事吗，我说我很忙，他说领导想出一本诗集，我就请秘书接通了他的电话，在电话里我说："对不起，你的诗写得当然很好，但再好我也无法出，因为岳麓书社只出古人的书和死人的书。"他就将电话挂掉了。后来岳麓书社便组织了一次民意投票，我就被选下去了。

不做一个信徒，也有好的作用，我不会盲目地听人讲，也不会太迷失。

P: 怎么去做到"不做一个信徒"？

Z: 我认为，一个人最好把自己看成是一个普通的人，追求一种普通的生活。

P: 但是社会要求你要往前走，你不要落后了，普通人应该怎么办？

Z: 普通的人并不是说没有理想，没有追求的。普通的人，我首先讲，是一个人，人的第一个本能就是人要生存。我们都是普通人，

血肉之躯嘛，到了时候就会犯病，病了就会死。人怎么会不怕死呢？但是普通人也应该有普通人的权利，是吧？

"你还年轻"

P: 人被抛离日常生活的轨道，很容易有一种烦躁感，定不下心来做事。你在狱中一直读书，是怎么依靠内心的力量来克服、超越不确定性的？

Z: 坐牢的人就是时间大大地有，只有8小时劳动，我劳动的时间并不长，我会机械制图。湖南省第三劳动改造管教队，整个大概是五六千犯人，劳动队判15年以下的可以看到天，可以踩到地，判了15年以上的，就在房屋里面，上面是网，因为刑期很长，怕他逃跑。一个犯人，最大的希望是能够活着出去。

我坐在牢里面也没有想到我还能出来当编辑，没有这种预见性。那个时候，我想的第一件事是，我一定要活着离开牢房，而不是我死在牢房里面，所以我注意身体，注意锻炼，我还要注意多吃一点。

另外动动手，去行动总是有好处的。如果我不走现在这条路，我会是一个很好的手艺人。(书架)上面那两个刨子是我做的，竹筒也是我在劳改队做的。创造力我不是很强，但是我能学会做一些比较精细的手工活，我喜欢做，也非常充实。

P: 听说你在牢房里还遇到了潘汉年?

Z: 是的,他把木头弄倒了,我去帮他收拾木块,匆匆地跟他讲几句话,我说我是个犯人,判了好久,我原来是报社的干部,我在报纸上见过你的照片。他就讲,你好多岁,得知我只有四十多岁,他说,你还年轻。那时候我身体早已被折磨得虚弱不堪,颈椎病、腰劳损、气管炎……我还能不能活到那一天呢?这句轻轻的、平淡无奇的话,就是说,你还应该有坚持下去的力量,你还可以看到该倒的倒下去,该站的站起来。后面要走时,他还说了一句,相信人民。

P: 被困住的时候,人需要保持住一些什么呢?

Z: 那几年的牢狱生活完全是另一种体验。人在极度饥饿或者是生死关头,人和人的区别并不很多,并不是你是个高级知识分子,你就过高级生活,不是那么回事。

有一个大学老师,这个人早几年还在,那表现,很差。等于是长期在干部面前卑躬屈膝,其实没有任何意义,他没有权利把你放走嘛,并不是说你态度恭顺就可以减刑的。我望着他很不舒服,农民都不会像他那样嘛,他晓得这样没有用嘛,再说得不到奖赏嘛。

《念楼序跋》里我写了,"我的杯很小,但我用我的杯喝水。"法国诗人缪塞的名句,也是我很喜欢的一种态度,人要有自己独立的想法。真正能够不用别人的杯子喝水吗?其实也未必尽然,不过有这么一点儿洁癖,就不那么容易随着大流吃大户罢了。

P: 以赛亚·伯林曾说，"我总是生活在表层"。在现代社会，这种生活在表层的感受是很强烈的。作为一个91岁的老人，想听听你关于自身存在的意义，生命本身的价值的答案。

Z: 人类历史本身永远是在进步的，因为人在进化。但是人有人的弱点，并不完美，人类到现在，无论是对每个个体而言，还是对人类全体而言，它都远远没有达到完善的程度。人的进步的动力是什么呢？我认为人和生物，都在追求更好的生活，这就是社会进步的动力。

现在没有人会愿意退回去过北京猿人的生活，社会进步的动力应该是人都追求比较好的生活，所以人为了改善自己的生活所做的努力，从本能来讲都是善的，这是生命的价值。

P: 你谈到出版"走向世界丛书"的初衷，一个国家、民族，不应该也不可能长期和别的国家、民族隔绝开来，不能够自绝于这个世界。你现在仍密切关注这一点吗？

Z: 当然，全球化的趋势是不可逆转的，对吧？世界经济不可能分割，不可能闭关自守。北京奥运会的口号还是"同一个世界，同一个梦想"，对吧？就是（要）承认全球文明。

"酒店打烊我就走"

P: 到了 91 岁，你是如何面对死亡这个问题的？

Z: 人生最大的苦恼是什么，就是感觉到生命有限，韶华不再，时间过去就不再回来了，这叫无常之痛，无常之感。这种无常之感是每个人都无法摆脱的苦恼。好比我，我明明知道我的生命是有限的，之所以还要这样做（指做康复训练），是因为家人还需要我这么做。我这样做，自己心理上也觉得好像我还在治疗，我并不是在这里等死。我明明知道，这种治疗已不可能恢复成一个常态的人，是不可能治愈的，对吧？但是我现在让他治，我总觉得我在治。

P: 就是还会往前走。

Z: 不是我觉得我会走，不是的，我明明知道它不可能恢复原状了，但是至少我还在做呀。

P: 说明还是有盼头的，有期待的。

Z: 没有什么盼头，也没有什么期待。

P: 那是什么呢？

Z: 是我觉得我应该做。尽自己的责任。因为我还有女儿啊，有外孙女，她们认为你不要放弃。我不做，我就会整天一直睡在这里，我现在还可以看看书啊，你如果没有来，我现在就在看书。

P: 除了为了儿女，对自己来说呢？

Z: 医生也是女儿找来的。你不做，她们就会觉得你放弃了。我明明知道放弃不放弃，也会是同样的结果，对吧？也得做呀，这就是人的悲哀。

P: 为什么"悲哀"？

Z: 当然了。明明知道没有用，还不得不做，这就是悲哀。你们没有经历人生的味道，是要自己走完这个全过程，才会完全了解的。

P: 如果你要写一个墓志铭，你会在上面写什么呢？

Z: 我并没有留下什么墓志铭，也并没有想好。我认为倒是美国有一个幽默作家，就是海明威，他那开玩笑的墓志铭，倒还有点意思，他就是简单的一句话——"请原谅我不起身"。你到他的墓前去看他，他跟后来的人开玩笑，至少说明他很坦然。

P: 你可能也蛮欣赏这种态度？

Z: 是的，接下来这个也不是墓志铭，而是一个名言。丘吉尔的名言就是"酒店打烊我就走"，我坐在这里喝酒，他要搬板子、关铺面了，我不能不走。生与死都是正常的，活到九十多岁，很高龄了。我这会儿也可以死了，沈昌文、流沙河都是1931年的，和我是同年的人，这两年他们都走了。我活得够久了（笑）。

再连线

2022 年 11 月，出版家钟叔河刚过完 92 岁生日，出版工作还在继续。

大多数时候，他在梳理自己的人生，比如即将出版的《钟叔河全集》，还有一本《念楼题记》，是把他散落各处的题记、题诗收集汇总。

因为半边身子不能动，他大部分时间半躺在床上阅读。没有工作的时间里，他就看朋友们寄来的书。最近在看的是一位明末女诗人的诗集，爱惜得不行，拿不准的字一个个查字典。外面的纷扰进不到这位老人的生活。

一边阅读，他也一边在思考。大到宇宙的奥秘，小到怎么制作一只柚子碗。他依旧信奉常识的力量，关心"生活可以过得更好一点吗"？

《人物》：这一年您是怎么度过的？印象最深的事情是什么？

钟叔河：有位宿迁的朋友给我寄来了一本诗集，作者是明末清初的宿迁女子倪瑞璇，非常有诗歌才华，在死之前她把写的诗全烧掉了，她的丈夫在旧书箧中找出残稿，编成《箧存诗稿》。我每天就看她的诗，碰到拿不准的字，就查词典。我现在不蛮关心外面的事，我这半边瘫痪了，行动不自由，电视里的时政时局，都走不到我的病床上。这位女诗人 30 岁就死了，我活到 92 岁了，活得比平均岁数更多，我也没有痛苦。

从明朝到现在三四百年，中国有文字的历史3000多年，北京猿人的历史几十万年，地球的历史几十亿年，最近韦伯望远镜收到了130亿光年前一些星系发出的光，距离多遥远。我们人类无法想象这样的时间空间。

今年印象最深的一条新闻，是一位天文学家通过模拟计算公布的一个假设——我们一直认为，宇宙无限大，有无限可能，地球不是唯一有生命的行星。但这个天文学家认为地球是唯一的，我们是偶然的偶然。这串起我很多想法，单独看每一个生命，都像一个奇迹，有时不禁让人想到会不会真有造物主的存在。

到了现在，我关心的，要么是最具体的眼前的事，比如诗集里的字怎么念，怎么解释；要么是关于宇宙时空的思考，最根本的命题。

《人物》：面对当下，您有什么建议和年轻人分享？

钟叔河：我是早婚早育，22岁当爸爸，到26岁生了4个女儿。我从来对政治不感兴趣，我关心人的本能，要吃饭，要穿衣，到了时间要组织家庭，要生小孩，只要把自己的日子过好就行。年轻人，搞好业务，搞好自己的职业，该恋爱恋爱，该生小孩生小孩，把身体搞好一点，时代是会变的。

解放初期，沈从文在《湖南日报》副刊发表文章，作为记者我想要去拜访他，但报社规定不允许出省。现在你看，你我交谈并不是一件难事。不是现在人变好了，是整个形势在变，我相信环境会越来越符合自然规律。

另外我观察女性，当了妈妈或者外婆后，关心的是子女的婚姻，市面上买什么划得来，怎么让儿女过好。年轻时那些敏感和好奇都不见了，变成路上遇到的普通人。我到91岁还看书，想研究世界，大概是一种活着可以、死了也没什么的心态在支撑，有一种超越性，不功利。而对于女性来说，太多痛苦和诱惑，得穿越多少丛林，才能抵达理想境地。要想办法一直保持好奇、敏感，并能下苦力。

《人物》：未来十年，您觉得世界会发生什么样的变化？您对未来有什么样的期许？

钟叔河：不要把人生的困惑全都归结于时代，有些苦是任何时候都有的。

杨振宁：

盛名之下

如果你做一件工作感到非常苦，那是不容易出成果的。

——杨振宁

文＼刘磊 采访＼刘磊 黎诗韵

单琦 陈柯芯 吴呈杰

编辑＼王晶晶

盛名之下的杨振宁是一位诺贝尔奖获得者，但专业领域之外很少有人知道，他是 20 世纪以来的物理学史上，仅次于爱因斯坦的世界级物理学大师之一。

离开故乡多年的诺贝尔奖获得者重回故乡之后，遇到的并不全是温情和善意。人们谈论起他，也许首先想到的是晚年那段年龄悬殊的婚姻，有关科学的美和奥秘的故事却令人遗憾地被忽略了。

坐在我的左边

都是回忆。推开大礼堂的门，还能闻到小时候的味道，每个礼拜六父母亲带他到里面看电影。第一部电影的细节还清楚地记得，片子讲的是1929年美国经济危机中一个资本家的故事。躲避通缉的资本家藏身在一个很小的地方，圣诞节时，外边下了雪，他穷途潦倒，"走回到他家的那条街，窗户里头，看见了他的太太跟他的孩子们，看见了圣诞树。"老体育馆是孩子们经常去的地方。那时候清华每年都要举办北平市大学生运动会，总是人山人海。他们一帮清华园里教授家的孩子就自发组成啦啦队，给清华的运动员呐喊助威。

杨振宁先生拄着手杖在校园里走着，每次经过这些地方，从前的情景就出现了。他95岁[1]，人生绕了一圈，又回到最初的起点。路边的槐树和银杏继续繁盛着，身边走过的是正值青春的学生们，也有父母牵着的七八岁孩子，就像80多年前他和他的小伙伴们。近一个世纪的时光似乎只是刹那。

与大多数睡眠少的老人不同，杨振宁现在还可以像年轻人一样"睡懒觉"，早上9点多钟起床，处理一些邮件，中饭后再睡一两个小时午觉，下午四五点钟出现在距离家一公里的清华园科学馆办公室里。晚上，有时和翁帆在家里剪辑一些家庭录影，素材的时间已经跨越了大半个世纪，年轻时他用摄影机记录了很多家庭时光。2013年一次背痛入院后，他不能再进行长途旅行了，"太累的话，背便容易出毛病。"——也许因为年轻时太喜欢打壁球受了伤，也许只是时间不曾放过任何一个身体。他现在怕冷，常常要泡泡热水澡，家里的浴室和卫生间里都装上了扶手保障他的安全。

---

[1] 本文首发于2017年。——编者注

"你坐在我的左边。"杨振宁对《人物》记者说。他的左耳听力更好一些——依然需要借助助听器。但在很多方面他又完全不像一个95岁的老人——他有一双依然明亮的眼睛，说话时声音洪亮，思维敏捷，几十年前的细节回忆起来一点也不吃力。采访中，每当遇到他需要思考一下的问题，他总是略微抬起头，凝神静思，认真得像一个孩子。

办公室乍看上去并无特殊，但房间里的一些物件透露出主人的特殊身份。比如墙上挂着的一幅字——"仰观宇宙之大，俯察粒子之微"，落款莫言。杨振宁读过莫言的小说，但他对现实世界发生的事情更感兴趣，最近关注更多的是国际大势，比如特朗普"要把整个世界带到什么地方去"。有时看到了他觉得好的文章，他会通过邮件分享给十几个关系密切的身边人。

杨振宁每天会看看央视和凤凰卫视的新闻。这是他很早就有的习惯。在弟弟杨振汉的记忆中，他早年在美国时，每天都要看《纽约时报》《华盛顿邮报》《国际先驱论坛报》，"很快地翻，看看这里面有没有什么（时局）变动。"他是1949年后最早回国访问的华裔科学家，也是在报上看到的消息——1971年，《纽约时报》一个不起眼的地方刊登了一则美国政府公告，他从中发现了中美外交关系"解冻的迹象"。

2003年，相伴53年的太太杜致礼去世后，杨振宁从美国回到他从小长大的清华园定居。如今的清华在某些方面已经完全不是他记忆中的样子了。几个月前，好友吉姆·西蒙斯夫妇来北京看望他和翁帆，在清华住了几天。西蒙斯是他在纽约州立大学石溪分校时的数学家同事，后来成为"传奇对冲基金之王"。有一天，西蒙斯的太太问杨振宁，Frank（杨振宁的英文名），你不是在清华园里长大的吗？你小时候住的地方还在不在，带我们去看看。当年杨家住在西苑11号一个约200平方米的四合院里。杨振宁带他们去看时，发现大门已经不能辨认了，一家人住的院子如今住进了5户人家，宽敞的院子成了黑黢黢的七里八拐的小胡同。

"后来我想，是不是给美国人看有点寒碜，可是又一想啊，不是，非常好，为什么呢，使得他们了解到中国要变成今天这样子，不容易。"在清华园里种种复杂的感受，杨振宁归为一点：他经历了一个不寻常的"大时代"。

采访那天，摄影师请他倚在科学馆楼梯拐角的窗前，这幢建于1918年的砖红色欧式三层小楼曾经也是任清华算学系教授的父亲的办公地。乌黑色的窗棂纵横交错，窗外是初夏满眼生机的绿色，旧时光似乎还在昨日。

Great Scientist

科学馆的办公室里放着一块小小的黑色大理石立方体，这是清华大学送给杨振宁的90岁生日礼物。4个侧面依次刻上了他这一生在物理学领域的13项主要贡献，其中最重要的有3项，分别是1954年与米尔斯合作的杨-米尔斯定律（或曰非阿贝尔规范场理论）、1956年与李政道合作的宇称不守恒定律和1967年的杨-巴克斯特方程。

毋庸置疑，杨振宁是20世纪最重要的物理学家之一。但对于普通人来说，理解一位理论物理学家的贡献也许实在太难了。著名华裔物理学家、MIT数学系教授郑洪向《人物》提供了一个形象的说明：物理学界有一个通俗的说法，诺贝尔奖分为三等，第三等的贡献是第二等的1%，第二等的贡献是第一等的1%，60年前杨振宁与李政道因提出"弱相互相作用中宇称不守恒"获得的诺贝尔奖是其中的头等——爱因斯坦是唯一的例外，特奖。

在许多物理学家的回忆中，1957年10月是兴奋、激动和传奇。美国科学院院士、著名超导体物理学家朱经武当时在中国台湾中部一座"寂静小城"读高中，接下来的几个月里，他读遍了所有能找到的有关杨振宁的报道，教室和操场上不断地和同学谈论他们完全不懂的"宇称不守恒"。佐治亚大学物理系教授邹祖德12年后在英国利物浦一个很小的中国餐馆吃饭时，听到一个没读过什么书的厨师和店主非常自豪地谈起杨振宁的成就，"感慨万分"。

郑洪向《人物》回忆第一次接触杨振宁的情景——那是1964年前后，他在普林斯顿大学做博士后，在普林斯顿高等研究院工作的杨振宁当时对他来说是"神话里面的人物"——在一个中国同学会上，大家正在聊天、跳舞，突然有人说，杨振宁来了，"大家都轰动了"，纷纷站起身迎接杨振宁。

实际上，杨振宁最重要的工作并不是宇称不守恒理论，而是杨-米尔斯理论，如果说前者让他成为世界知名的科学家，后者才真正奠定了他的一代大师地位。杨-米尔斯理论被视为"深刻地重塑了"20世纪下半叶以来的物理学和现代几何的发展。美国声誉卓著的鲍尔奖在颁奖词中称，"这个理论模型，已经跻身牛顿、麦克斯韦和爱因斯坦的工作之列，并必将对未来世代产生相当的影响。"量子电动力学奠基人之一、国际备受景仰的著名物理学家弗里曼·戴森称杨振宁为"继爱因斯坦和狄拉克之后，20世纪物理学卓越的设计师"。

半个多世纪之后，互联网时代的中国舆论场上，这位在国际上备受尊崇的"great scientist"、当年"神话里面的人物"却在遭受庸俗的解读，因为与翁帆的婚姻，他像娱乐明星一样被轻佻地谈论，经过歪曲或刻意编造的伪事实也随处可见。甚至有人编造翁帆父亲娶了杨振宁孙女的谣言——这一谣言出现时，杨振宁的孙女才7岁。

人们似乎已经没有耐心了解传奇——他深邃的工作与普罗大众之间的遥远距离更加剧了这一点。

一位网友在指责杨振宁的留言后面连发了几个反问："你听说过杨-米尔斯理论吗？你知道杨振宁在物理学上的建树吗？你知道杨振宁在物理学史上的地位吗？"

答案多半都是否定的。

与杨振宁关系密切的中科院院士葛墨林气愤不过，写了一篇辟谣和解释的文章，但被杨振宁压下了。杨振宁回复他，除了讨论物理，其他的事都不要管，我一辈子挨骂挨多了。"挨骂"是从他20世纪70年代走出书斋开始的。首先骂他的是中国台湾方面和美国亲国民党的华人。1949年以后，美国华人社会中一直"左""右"对立。有亲国民党的报纸称他是"统战学家"，劝他"卿本佳人，好好回到物理界，潜心治学吧"。苏联也骂他，一份苏联报纸指控他是"北京在美国的第五纵队"的一分子。

1971年，去国26年的杨振宁以美国公民身份第一次访问中国，周恩来设宴招待。此后他几乎每年回国访问，持续受到中国官方高规格礼遇。他敬佩毛泽东和邓小平，对中华人民共和国抱有很多的希望和敬意。回国定居后，强烈的民族自豪感和家国情怀时常从他的公开发言中流露出来。一些人也因此批评他对当下体制批评太少，维护过多。

也许名声的确是误解的总和，围绕杨振宁的各种声音都对他缺乏真正的了解和理解。在《人民日报》的一次采访中，杨振宁回应说："我知道网上是有些人对我有种种奇怪的非议，我想这里头有很复杂的成分。我的态度是只好不去管它了。"

但舆论在某些时刻还是影响了杨振宁的现实生活。

从美国回到清华后，他给120多位本科生开了一门《普通物理》，一位听过这门课的清华学生回忆，杨振宁的课对于刚刚高中毕业的他们来说难懂，后来读博士时他才意识到，当年课上听的是"武林高手"的"秘诀"。这门课只开了一学期，除了杨振宁的身体原因，也和他与翁帆的订婚消息公布之后媒体的"干扰"不无关系。一位记者在报道中描述了"最后一课"的场景："在一群保安的簇拥下，一个身穿黑呢子大衣的老人从走廊的尽头走来，瘦弱的身材使他看上去显得有些高大，头发上还散落着几朵尚未融化的雪花。路面很滑，但老人的步伐却并不比年轻人慢，一转眼的工夫，就进入了教室。保安随即迅速把门牢牢地关上，由于门上的玻璃被报纸覆盖得严严实实，对于教室里发生的一切，站在外面的人什么都看不见。5分钟之后，教室里隐约传来讲课的声音。"

"后来再要上课就比较有困难，"清华大学物理系主任朱邦芬有些遗憾，"原来我的希望是把整个大学物理能够讲完，但后来没有讲完。"

伟大的艺术家

简洁深奥的方程式是物理学家与公众之间的一道天然屏障。也许只有诗人可以做个勉强的助手。杨振宁曾经引用了两首诗描述物理学家的工作。其中一首是威廉·布莱克的《天真的预言》：

To see a World in a Grain of Sand

And a Heaven in a Wild Flower.

Hold Infinity in the palm of your hand

And Eternity in an hour

（一粒沙里有一个世界

一朵花里有一个天堂

把无穷无尽握于手掌

永恒宁非是刹那时光）

另一首是英国诗人蒲柏为牛顿写下的墓志铭：

Nature and nature's law lay hid in light，

God said,let Newton be! And all was light.

（自然与自然规律为黑暗遮蔽

上帝说，请牛顿来！一切遂臻光明）

"我想在基本科学里头的最深的美，最好的例子就是牛顿。100万年以前的人类就已经了解到了有这个一天，太阳东边出来，西边下去的这个规律。可是没有懂的是什么呢，是原来这些规律是有非常准确的数学结构……这种美使得人类对于自然有了一个新的认识，我认为这个是科学研究的人所最倾倒的美。"杨振宁说。

弗里曼·戴森称杨振宁为"保守的革命者"，"在科学中摧毁一个旧的结构，比建立一个经得起考验的新结构要容易得多。革命领袖可以分为两类：像罗伯斯庇尔和列宁，他们摧毁的比创建的多；而像富兰克林和华盛顿，他们建立的比摧毁的多。"杨振宁属于后者。杨-米尔斯理论是这位"保守的革命者"建立的"经得起考验的新结构"中最辉煌的一个。

像许多重要的理论一样，杨-米尔斯理论得到验证并被主流接受经历了多年时间。刚发表时，物理史上的大物理学家泡利就因为论文中没有解决的规范场量子质量问题一点也不看好它。引导杨振宁的正是他所倾心的美。杨振宁在多年后的论文后记中回忆："我们是否应该就规范场问题写一篇文章？在我们心里这从来就不是一个真正的问题。这个思想很美，当然应该发表。"

与很多科学家不同的一点是，杨振宁非常注重taste和风格，他喜欢用美、妙、优雅这一类的词描述物理学家的工作。他说，一个做学问的人"要有大的成就，就要有相当清楚的taste。就像做文学一样，每个诗人都有自己的风格，各个科学家，也有自己的风格"。他这样解释科学研究怎么会有风格："物理学的原理有它的结构。这个结构有它的美和妙的地方。而各个物理学工作者，对于这个结构的不同的美和妙的地方，有不同的感受。因为大家有不同的感受，所以每位工作者就会发展他自己独特的研究方向和研究方法。也就是说他会形成他自己的风格。"

关于taste，杨振宁曾经举过一个例子。在纽约州立大学石溪分校的时候，一位只有15岁的学生想进他的研究院，他和这位学生谈话时发现，学生很聪明，问其几个量子力学的问题都会回答，但是当问到"这些量子力学问题，哪一个你觉得是妙的？"学生却讲不出来。杨振宁说："尽管他吸收了很多东西，可是他没有发展成一个taste……假如一个人在学了量子力学以后，他不觉得其中有的东西是重要的，有的东西是美妙的，有的东西是值得跟人辩论得面红耳赤而不放手的，那我觉得他对这个东西并没有真正学进去。"

或许在很大程度上受数学教授父亲的影响，杨振宁一直对数学有审美上的偏爱。朱邦芬对《人物》说："比如像我，我对数学，觉得是一种工具，我只要能用就行，我不一定非要去对数学的很多很细微的、很精妙的一些地方去弄得很清楚……只要好用就用，是一种实用主义者。杨先生他是不太赞成，他实际上是具有数学家的一种审美的观念。"

在杨振宁看来，爱因斯坦的时代是"黄金时代"，他赶上了"白银时代"，而现在是"青铜时代"——"青铜时代"的特点是理论物理在短期内很难看到有大的发展可能。杨振宁更喜欢"探究更基本的一些东西"，因此他不喜欢"青铜时代"，所以他多次说过，如果他是在这个时代开始他的研究工作，他可能就不会搞物理，而是去做一个数学家了。

很多物理学家都对杨振宁的风格印象深刻。物理学家张首晟一直将杨振宁视作偶像，他曾听过杨振宁在纽约州立大学石溪分校开的一门《理论物理问题》，杨振宁用了三堂课讲磁单极子 —— 这是一种到目前为止尚未发现的粒子，"如果急功近利的话，大家总是要找一个有用的课题，这个东西不可能有任何用的 …… 但是它的数学结构非常非常优美，最好地体现了理论物理和数学的统一，也充分体现了理论物理的美。所以这个就是在别的地方学不到的。"

在戴森看来，杨振宁很乐于在某些时候做一个伟大的科学家，在另一些时候又做一个伟大的艺术家。他向《人物》回忆起杨振宁1952年的一篇论文："这篇文章是对一个不重要问题的漂亮（漂亮得让人叹为观止）的计算。这表明他在纯粹的数学中享受他的技艺，丝毫不关心物理结果重要与否。在这篇文章里，杨是以艺术家而非科学家的身份工作的。在他一生中，杨两种文章都写了很多。一种是在物理上重要的，他将重要的物理学问题与优雅的数学结合起来。另一种就像伊辛铁磁的文章，物理上并不重要，他享受于数学技艺之中。"

杨振宁的科学品位也在生活中体现。在他家中的客厅里，挂着一幅吴冠中的《双燕》。吴冠中是他喜欢的一位画家。吴冠中的画作主题多为白墙黑瓦的江南民居，"简单因素的错综组合，构成多样统一的形式美感"，他所钟爱的简洁的美也在这位画家的笔下。

在写作上，他也有同样的偏好，"能够10个字讲清楚的，他绝对不主张你用20个字、30个字。"杨振宁的博士论文导师、"美国氢弹之父"特勒讲过一个故事。特勒建议杨振宁将一个"干净利落"的证明写成博士论文。两天后杨振宁就交了，"1、2、3，就3页！"特勒说："这篇论文好是很好，但是你能写得长一点吗？"很快，杨振宁又交上了一篇，7页，特勒有些生气，让他"把论证写得更清楚、更详细一些"。杨振宁和特勒争论一番后走了，又过了10天，交上了一篇10页的论文。这次，特勒"不再坚持，而他也由此获得他应该获得的哲学博士学位"。

正常的天才

这种简洁之美也延续在杨振宁的日常生活中。朱邦芬发现，一起吃饭，时间长了之后，点菜的时候根本不需要杨振宁点了，因为他爱吃的就那几样——辣子鸡丁，酸辣蛋汤，加个蔬菜，有时再来个红烧肉，少有变化。他的乐趣在物质享受之外。在一次演讲中，杨振宁说："一个人这个日常生活里头一定有一些纷扰的地方。做科学研究的一个好处，就是你可以忘记掉那些纷扰。"

乐趣的前提来自他一直清楚并顺从自己的taste。在他的学术生涯里，从不赶时髦做"热门研究课题"。"倒不是说它们都不重要，而是我自己有我自己的兴趣、品位、能力和历史背景，我愿意自发地找自己觉得有意思的方向，这比外来的方向和题目更容易发展。"杨振宁后来解释说。因此他从不赞成"苦读"，工作也是如此——"如果你做一件工作感到非常苦，那是不容易出成果的。"

"他的热情，你完全可以看得出来，并不是说他偶然碰到一个东西做出来。"物理学家朱经武向《人物》回忆，"我记得我第一次见他的时候，他就跟我讲他的一些理论，他讲，（然后）他站起来，越站起来讲话的声音精神是越来越足，非常地兴奋，就跟我讲它的结果。是很有意思的，现在还在我的脑海里面。"

与杨振宁打过交道的物理学家都感受过这种激情。

物理学家伯恩斯坦曾经回忆过普林斯顿时期杨振宁与李政道二人合作时的情景：一个办公室靠近他们的人，"几乎不可能不听到他们的声音。他们讨论任何物理问题，都是兴致昂扬，而且常是用极大的嗓门"。江才健在《杨振宁传》中写道："杨振宁和李政道扯开嗓门，并且用手指在空中凌空计算，是许多认识他们的物理学家都看过的景象。"

多年后，这个习惯仍然保留了下来。翁帆在2007年出版的杨振宁文集《曙光集》后记中谈到了他的这个习惯，"有时半夜起床，继续准备文稿，往往一写就一两个小时。他总是说，一有好的想法，就睡不下来……不过，有时振宁的写作习惯很有意思：他静静坐着或者躺着，举一只手，在空中比画着。我问他：'你在做什么呢？'他说：'我把正在思考的东西写下来，这样就不会忘了。'他告诉我这个习惯已经跟随他几十年了。"

在杨振汉的记忆里，小时候的杨振宁也是充满了对世界的热情。尽管围墙外的世界时局动荡、内忧外患，但杨振宁在清华园里的生活宁静而丰富：与小伙伴一起制作简易的幻灯机，关了灯在墙上"放电影"；礼拜天在家里做化学实验；晚上带弟弟们到自家屋顶平台上看北斗星；跑到荷花池溜冰；和一帮小伙伴到坡顶上骑车，"从一座没有栏杆只有两块木板搭成的小桥上呼啸而过"。读小学时，从家到学校的路上，蝴蝶和蚂蚁搬家都是"重要事件"。杨振汉记得有一次杨振宁带他一起去找仙人掌，找到之后，杨振宁用筷子"把那个花心一转，就发现转了以后，那花心自己会倒回来"。杨振宁用自己的猜测告诉弟弟，植物一定也有神经，但是跟人的不一样。

杨振宁喜欢与中学生谈话。他的好友库兰特夫妇说，在他们认识的科学家中，杨振宁和费曼是仅有的两个能与孩子平等交往、"有孩子般天真个性"的人。

杨振宁一生在象牙塔中，年少时在清华园如此，西南联大时期，以及后来到美国的学术生涯依然如此，其中普林斯顿高等研究院的17年更是象牙塔中的象牙塔。这让杨振宁一生保持着某种简单与纯真。葛墨林说："在他的眼睛里人的本性还是很善良。就是为什么要这样呢，他老觉得他不好理解。我老是劝他，我说杨先生，社会很复杂，您要注意防范了。"美国自由开放的环境也帮助他保持了这一点。杨振汉说："他没有我们中国人在解放以后的社会，经过各种运动的这种（经历），他不觉得这个社会有什么压力。"杨振宁自己也喜欢他身上的这一点："我想我处人处事都比较简单，不复杂，就是没有很多心思，我喜欢这样的人，所以我就尽量做这样子的人。"

但另一方面，杨振宁又不像一个象牙塔里的人。

他兴趣广泛，20世纪70年代以后他愿意走出书斋，出任全美华人协会首任会长，做促进中美建交的工作就是一个例子。"我觉得你跟他待一会儿你就知道了，他这个人兴趣很广泛，听你话也非常注意，差不多随时随地都很喜欢动脑筋的。"杨振汉对《人物》说。

面对他关心的重要问题，他还总是忍不住发表意见，"动不动还是我要写篇文章，我要表明我的观点。"2016年，他发文反对中国建大型对撞机，再度引起舆论热议。翁帆有时嫌他"过于直率"，"你何苦要写呢？过后又有些人要骂你了。"杨振宁回答："我不怕。我讲的是真话！"

他性格开朗，从来不是"高处不胜寒"的感觉。做研究的时候，几何题目想不出来，先放一放，唱两句歌，兜一圈回来再来。好友黄昆有个极贴切的评价，他说"杨振宁是一个最正常的天才"。

熟悉杨振宁的人对他的描述最多的几个特点是：会关心人、慷慨、没有架子。接受《人物》采访时，几乎每个人都可以说出一些让他们感动的细节。朱邦芬回忆，杨振宁的老友黄昆（著名物理学家，中国固体和半导体物理学奠基人之一）生前喜欢听歌剧，杨振宁知道黄昆这个爱好后特地买了台音响设备送给老友。葛墨林至今记得杨振宁请自己吃的一盘炒虾仁。1986年，葛墨林有次从兰州大学到北京饭店看杨振宁，吃饭时杨振宁特地点了一盘自己不爱吃的炒虾仁。杨振宁说，这是给你吃的，你在兰州吃不着虾。《曙光集》编辑徐国强说，有时杨振宁还会向他做一些私人之间的"善意的提醒"，比如跟某某打交道的时候别太实心眼。

年纪大了后，杨振宁重读《三国》《水浒》和小时候"觉得净讲了一些没有意思的事情"的《红楼梦》，现在都看出了新东西——"到了年纪大了以后就了解到，人际关系有比我小时候所了解的要多得多的东西。"

归乡

香港中文大学中国文化研究所前所长陈方正这样概括杨振宁的人生："物理学的巨大成就仅仅是杨先生的一半，另外一半是他的中国情怀，两者互为表里，关系密不可分。"

在西南联大时他哼得最多的一首歌是父亲一生都喜欢的《中国男儿》：

中国男儿，中国男儿，要将只手撑天空。

睡狮千年，睡狮千年，一夫振臂万夫雄。

……

古今多少奇丈夫，碎首黄尘，燕然勒功，至今热血犹殷红。

经历过满目疮痍的落后中国，在中国的传统文化中浸润长大，杨振宁真诚地期待中国的崛起与民族的复兴。

葛墨林记得，南开大学理论物理研究中心开的很多次会，都是杨振宁从香港募集，然后直接把钱带回来。有一次他怕他们换不开，把钱都换成一捆捆的20美元，装在包里。葛墨林说："有一次我特别感动，那时候我还在美国，他妹妹来找我，她说你看杨先生又开车自个儿去了，到纽约，到China town，就华人城去演讲，我说干嘛，她说捐钱去了，我说那有什么，她说他还发着烧，还发着高烧，自个儿开车，因为人家香港那些有钱人来了，赶紧去开着车给人家谈啊怎么捐钱。当时我就很感动。"

杨建邺印象深刻的是他在1996年听杨振宁演讲时的一个细节。当主持人介绍杨振宁于1957年获得诺贝尔奖时，杨振宁立即举手加了一句："那时我持的是中国护照！"另一个细节也很能反映杨振宁的性格。香港中文大学很早就想授予杨振宁名誉博士学位，但杨振宁一直没有接受，因为在1997年之前，授予仪式上有一个英国传统，接受荣誉学位的人要到英国校监面前鞠躬，然后校监拿一根小棍子在接受者头上敲一下，而杨振宁不愿意对着英国人行这个礼。等"香港一回归，校监是中国人了，他立即接受了"。

2002年，杨振宁在旅居法国的发小熊秉明的葬礼上动情地念了一首熊秉明的诗：

在月光里俯仰怅望，

> 于是听见自己的声音伴着土地的召唤，
>
> 甘蔗田，棉花地，红色的大河，
>
> 外婆家的小桥石榴……
>
> 织成一支魔笛的小曲。

这是熊秉明的故乡，也是杨振宁心中"世界所有游子的故乡"。2003 年，他终于离开居住了 58 年的美国，回到了这片有"甘蔗田，棉花地，红色的大河，外婆家的小桥石榴"的土地。

回国的第二年，82 岁的杨振宁与当时在广东外语外贸大学念研究生的 28 岁的翁帆结婚。接下来的舆论让人想起阿根廷影片《杰出公民》中的故事——一位诺贝尔文学奖获得者重回故乡之后，遇到的并不全是温情和善意。

94 岁的弗里曼·戴森不明白在中国"为什么人们要对一位新太太抱有敌意"，他在美国从未听到关于此事的任何负面评论。作为朋友，他为杨振宁感到开心。"杨自己告诉我第二段婚姻让他感到年轻了 20 岁，我向他致以最温暖的祝福。我也认识他的第一任太太致礼，而且我确信她如果知道他有一个年轻的新太太照顾他的晚年生活，也会感到高兴。"戴森在回复《人物》的邮件里这样写道。

杨振宁回国后一直住在清华园胜因院一幢绿树环抱的幽静的乳白色二层小楼里，杜致礼刚去世的时候，朱邦芬曾去过杨振宁家几次，"确确实实他一个人生活很孤单。就住在那个地方，我看他晚上就是一个人，有时候就看看录像，看看电视。他自己也说，他说他不找翁帆，也会找一个人过日子，他不是太喜欢一个人很孤单地这么走。”

外界很难理解杨振宁与翁帆之间到底是怎样的一种感情。杨振宁在一次采访中谈到他与翁帆的婚姻："我们是不同时代的人，婚后，我们彼此学习到一些自己以前没经历过的事情。"他们平时会一起看看电影，念念诗，也会有一些彼此间的小游戏——在逛博物馆的时候，两个人看的时候都不讨论，等出来后各自说出自己最喜欢的画，有时在家里杨振宁还会出数学题考考翁帆。

葛墨林夫妇与杨振宁夫妇一同外出时，注意到很多温馨的小细节。4个人一起在新加坡逛植物园，"走大概十几分钟，翁帆就说杨先生，歇一歇，找块石头，拿个手绢擦好，让杨先生坐那儿歇一会儿。""杨先生那人你不知道，他有时候自个儿不能控制自个儿，一高兴，他就走啊，走得又特别快。"冬天出门，杨振宁不爱戴围巾，"不行，给他把围巾弄好，都捂好，衣服都弄好，穿好再出去。"

杨振宁也有很多让翁帆"心里觉得是甜的"的细节。在11年前的中国台湾《联合报》采访中，她随手举了两个。"有一回我们在日本，早上我病了，头晕、肚子疼，没法起床，振宁到楼下帮我拿一碗麦片粥上来，喂我吃（杨振宁在一旁插话，'多半时候，都是她照顾我'）。"还有一次在三亚的酒店，"他通常比我早起看报纸、看书。那天他不想开灯吵醒我，就到洗手间去看。我醒来后跟他说，你可以开灯的。"

翁帆的出现让杨振宁和当下的世界有了更真切的联系。他曾在《联合报》采访中谈到翁帆带给他的改变："一个人到了八十多岁，不可能不想到他的生命是有限的，跟一个年纪很轻的人结婚，很深刻的感受是，这个婚姻把自己的生命在某种方式上做了延长。假如我没跟翁帆结婚，我会觉得三四十年后的事跟我没关系；现在我知道，三十年后的事，透过翁帆的生命，与我有非常密切的关系。下意识地，这个想法对我有很重要的影响。"

2015 年接受《人物》采访时，杨振宁说了这样一句让人动容的话："我曾说，我青少年时代：'成长于此似无止尽的长夜中。'老年时代：'幸运地，中华民族终于走完了这个长夜，看见了曙光。'今天，我希望翁帆能替我看到天大亮。"

生命的奥秘

90 岁之前，杨振宁感觉自己的身体一直变化不大。但 90 岁之后，生命的奥秘还是不可避免地一个个主动向他揭示了。

他向《人物》讲述了其中的一个重要发现："年纪大了以后才懂年轻的人都不懂为什么老年人老要穿很多的衣服。我现在懂了。为什么呢？因为衣服只要穿得不够一点，受一点凉，5 分钟、10 分钟没关系，要是半个钟头以后，常常就是以后一两天身体什么地方老是疼，所以现在我很怕这件事情，所以我现在也多穿一点衣服。"因为身体的关系，他已经6年没有去过美国了，"因为美国太远"，甚至也不敢离协和医院太长时间——"一有病，就赶快叫他司机把他送到协和。"杨振汉说。

杨振汉曾听大哥向他感慨：老了以后这问题多了。有一次，"早上起来腰不能动了。他觉得就是风吹的，没穿厚衣服出了毛病了。出了毛病以后，就老是吃完早饭，反正躺着不动，不动了以后，肠子蠕动有问题了……"

"不在了"成为他在回忆往事的时候频繁出现的词。在清华园一起玩耍的小伙伴"前几年还有，现在都不在了"。2002年7月，他在伦敦看画展时见到一句话，毕加索写信给老年马蒂斯说："我们要赶快，相谈的时间已经不多了。"他急忙将毕加索的话抄下寄给老友熊秉明，但还没等收到回信，熊秉明就在几个月后去世了。在他80岁生日宴会上几位聚首的西南联大老同学——梅祖彦、宗璞、马启伟、熊秉明，到了第二年，熊秉明、梅祖彦、马启伟、宗璞的丈夫，以及他自己的夫人杜致礼都相继"不在了"。

他也有过两次有惊无险的大病经历。第一次是1997年，一天他在石溪家中突然感到胸闷，检查结果是心脏大血管有七处堵塞，三天后，做了四根心脏血管的搭桥手术。手术前，写了遗嘱。醒来后，他朝恢复室外的家人画了一个长长的微积分符号，表示自己很清醒，还可以做微积分。第二次在2010年，从英国回来后突然严重呕吐、高烧，有几小时处于半昏迷状态，说一些别人听不懂的"胡话"。葛墨林后来听杨振宁平静地回忆当时的感受："就感觉到好像这个魂儿已经飞出去了，就是说那个魂儿还跟他说话——我说这是杨振宁吗？"

除了身体，自然也无时不在向他展示自身的深邃和伟大。这位研究了一辈子宇宙奥秘的伟大科学家在自然面前越来越感到惊奇和敬畏。他感叹："自然界非常稀奇的事情非常之多。"在电视上看到鸟栽到水里抓鱼，速度和准确让他惊叹自然结构的"妙不可言"。母牛与小牛之间的bonding也让他感到"非常神秘"——刚出生的小牛几秒钟之后就知道站起来，失败了之后知道反复尝试，知道去吃母牛的奶……

"现在渐渐地越来越深的这个新的想法是什么呢，就是觉得自然界是非常非常妙，而且是非常非常深奥的，就越来越觉得人类是非常渺小，越来越觉得人类弄来弄去是有了很多的进步——对于自然的了解，尤其是科学家，当然是与日俱增的——可是这些与日俱增的里头的内容，比起整个自然界，整个这个结构，那还是微不足道的。我想从整个宇宙结构讲起来，人类的生命不是什么重要的事情，一个个人的生命那更是没有什么重要的。"这是杨振宁最新的发现——也是他一生所有发现的升华。

傅聪：故园无此声

文／李斐然

Nobody cares about you, knows about you, and you couldn't care less, isn't that bliss?

——傅聪

2020年12月28日，傅聪先生因感染新冠在英国逝世。这并不是一篇纪念钢琴家的讣文，而是一种提醒：理解他人需要漫长而忘我的付出，可是误解一个人，往往只要一瞬间的念头。活着是最复杂的事，我们每个人的苦楚千头万绪，复杂难言。别忘了，他人也一样。

钢琴前的奴隶

钢琴家傅聪在音乐会之前，有一个后台工作人员都知道的习惯——紧张。舞台上的灯光照向一架钢琴，整个音乐厅都安静下来，等他出场。这时的钢琴家却像孩子一样，在后台躲躲藏藏。他的经纪人管这个环节叫作"老小孩闹脾气"，一直到80岁都是这样，上场之前总是畏惧，先是漫长的沉默，继而惊慌突然爆发，"不行了！不行了！弹不了！我弹不出来！"最后常常要经纪人拽着他的手，像哄小学生上学那样，把他从后台拖出来，他才能登台。

傅聪谈起钢琴的时候，最常使用的词是神圣、宗教、信仰和上帝。他常常形容自己是音乐的奴隶，每一次上台的心情是"从容就义"，"抱着走钢索的心情上去，随时准备粉身碎骨"。他在音乐会前总是跟灯光师讨价还价，光还可以更暗一些吗？他是真心想要在黑暗中弹琴。调音师调好了琴，大部分钢琴家试一试琴就走了，傅聪总是不放心，常常留下来很久，跟调音师商量，让我再弹十分钟好吗？弹过十分钟之后，又恳求，让我再弹十分钟吧，就十分钟。

其实，所有钢琴家上台都害怕，跟年龄、经验、天赋、成就都没关系，音乐访谈里常能看到，世界最有名气的大钢琴家们私底下聚在一块儿，聊得最起劲的话题是上台之前吃什么药能缓解紧张。只是傅聪的紧张似乎比其他人更强烈，也更漫长。他不仅怕上台演出，私底下有人听他练琴也让他焦虑。他练琴的时候谁也不能打扰，一个人关在琴房里，那是他和琴的单独对话。

傅聪小时候是一个并不害羞的孩子。父亲傅雷是大翻译家，家里常来文人朋友对谈，傅聪和弟弟傅敏躲在客厅门后偷听，被抓到时弟弟马上就哭了，傅聪还会犟嘴。八岁那年，父亲的朋友发现，这个孩子有绝对音准。家里为他买了琴，请了老师，他把巴赫的练习曲和《水浒传》并排放在琴谱架上，一边机械地弹着巴赫，一边兴致勃勃地看李逵打架，直到楼上书房里的父亲听出了异样，下楼站在他背后大喝一声，他还沉浸在书里，"那声大吼真的像李逵一样"。

音乐里的父亲是严厉的，但也是赤诚的。傅雷钟爱音乐，他翻译罗曼·罗兰的《贝多芬传》，就是为了让更多人了解他所热爱的音乐世界。翻译《约翰·克利斯朵夫》的时候，他把全篇第一句话译作"江声浩荡"，因为他觉得这部作品"是贝多芬式的一阕大交响乐"，这个译法打动了几代读者，流传至今。他亲自编写只属于傅聪的教材，单独给他上课，教他用中国古典文化理解音乐，第一堂课讲了三句话，是《论语》的开篇："学而时习之，不亦说乎？有朋自远方来，不亦乐乎？人不知而不愠，不亦君子乎？"

傅聪还是孩子的时候，弹琴有时候开心，有时候不高兴。跟第一个老师学琴的时候自由自在，把一本莫扎特的小奏鸣曲都弹了，弹完后还可以吃一块点心。后来的老师管得严，每次练琴要在他手背上放一枚铜板，弹琴时不准掉下来，弹到11岁他不想弹了，跟父亲吵架，想要去参加革命，后来一个人留在云南上学。不过，远离音乐的日子只过到17岁，他帮同学的唱诗班弹伴奏时，坐满教堂的听众为他的音乐深深打动，大家自发为他募捐路费，要送他回上海，继续学琴。

就这样，傅聪在17岁回到了钢琴面前，正式学琴。从那时候起，不是为了练完琴吃一块点心，不是为了铜板不掉下来，不是为了应付父亲，钢琴似乎成了一种近乎上帝的存在，让他敬畏，也让他着迷。再也用不着任何人催促他练琴了，父亲发现，睡在床上的他还在背乐谱，手指弹痛了，指尖上包着橡皮膏继续弹，后来上台演出时，傅聪常常十个手指都包着橡皮膏。这种热爱是傅雷最熟悉的感受——他做翻译的时候也是如此，连午休的梦里都在推敲字句。

钢琴前的傅聪是"忘我"的，那是一种强大的力量，听他弹琴能感觉到，他要离开，他要用音乐离开眼前的世界。他也因为这种忘我创造了一个个奇迹。正式学琴一年后，他在上海第一次登台演出，两年后到波兰学习肖邦演奏，1955年他在第五届华沙肖邦钢琴大赛获得第三名，更重要的是，他获得了玛祖卡奖，这是代表最能深刻诠释肖邦的奖项，也是第一个中国人获此奖项，一个中国年轻钢琴家却能深刻诠释风格极难掌握的肖邦，音乐评论界将傅聪定义为"一个中国籍贯的波兰人"。

分隔两地的日子里，父与子逐渐迈向了不同的命运终点。傅雷写信给傅聪，告诫他面对人生，高潮时不至太紧张，低潮时不至太沮丧，就是人生胜利，如若依然苦恼，可以听听贝多芬第五交响曲，读读《约翰·克利斯朵夫》，就会熬过难关。而那时候傅聪的信里分享的多是明媚的讯息，他写给父亲的信里一多半都在谈论音乐，分享他在演奏中感受到的乐趣。那时候他常常一个月开15场音乐会，隔一天开一次，而且是不同的曲目。

他写给父母的信中说，"可以说没有一分钟我是虚度了的；没有一份温暖，无论是阳光带来的，还是街上天真无邪的儿童的笑容带来的，不在我心里引起回响。因为这样，我才能每次上台都像有说不尽的话，新鲜的话，从心里奔放出来。"

只是在那个年代，并不是每一个人都相信，音乐是最重要的事。这也造就了他和时代之间的误解。在作家叶永烈的记录里，文化部的领导批评傅聪在留学期间太多谈论苏联问题、波兰问题，告诫他再这样下去，就要回国下乡劳动。这句话让傅聪真的以为，回国就要劳动改造。他是一心要活在音乐里的人，17岁才认真练琴的手一旦拿锄头种地，要怎么弹琴？于是，他没有回国，买了一张去英国的飞机票。这是他一生最受争议的一次选择，有些事情因此彻底改变了。1966年9月，傅雷夫妇自杀。再没有人跟他在信里热烈地讨论音乐，钢琴前只剩下了自己。

后来的傅聪喜欢躲在黑暗里弹琴，很少接受采访，也不喜欢公开活动。前半生想说的话，都写给了自己的父亲，后半生想说的话，都告诉了自己的琴。坐在钢琴前，他是音乐的奴隶，这是他的宗教，也是他人生几乎唯一的表达。

其实在傅聪一生的演出中，曾有过一次毫无犹豫的登台。1966年11月，傅聪辗转知道了父母的死讯，残酷的是，第二天他还有音乐会。他失去了至亲，也失去了知音，那一次是真正的"不行了，弹不了"。后来傅聪接受采访时说，几乎就要取消演出之前，他想起了父亲。"我知道假如我取消这个音乐会，我父亲会失望的"。

第二天的音乐会如期举行，舞台上的灯光一亮，钢琴家又一次走向了钢琴。傅聪绝大多数的演奏会流程都很简单，快步走上台，在昏暗中弹琴，快步走下场。只在那一天，他在开始弹琴之前说了一句话，"今天晚上我演奏的曲目，都是我的父母生前所喜爱的。"

到音乐里去

傅聪住在伦敦的家里，顶楼的房间是他的琴房。一整面墙的书架上装满了琴谱，两架三角钢琴占据了屋里几乎所有空间，钢琴家只剩墙边小小的角落，守着窗户练琴，从天亮练到天黑。

他的练琴时间是每天10个小时，80岁之前几乎天天如此，最长的一次连续弹了14个小时。他不吃午饭，不睡午觉，练到满意才去吃晚饭，要是有弹不好的地方，晚上他是睡不着觉的。由于手指常年过度劳累，经常受伤，得了严重的腱鞘炎，他就扎着绷带继续练。后来，医生强制要求他休息，80岁的时候，他才勉强把练琴时间缩短到每天6个小时。

他始终活在一场紧张的追逐里，总觉得自己手指很硬，不够灵活，而且17岁才认真学琴，童子功不够，"我做钢琴家永远觉得难为情"。他常拿波兰钢琴家帕岱莱夫斯基举例子，这位钢琴家也是17

岁学琴，维也纳名师跟他说不可能，他靠难以想象的苦练，才弹出成就。这个勤勉的前例还有一句名言：一天不练琴，自己知道；两天不练琴，朋友知道；三天不练琴，听众知道。"我是一天不练琴，听众就知道。我比他还艰苦！"

就连刚做完手术，医生叮嘱要休息，傅聪还是每天练琴，妻子劝不住他，打电话回国，想让弟弟傅敏劝他休息。傅敏反过来劝她，哥哥是必须活在音乐里的人，没有音乐才是他的痛苦。

1979年，傅雷夫妇平反，傅聪获准回国，参加追悼会。回国后的除夕夜，他到作家白桦家里聊天，两个人喝茅台喝到天亮。傅聪讲起自己在国外的20多年，讲他的痛苦，跟漂泊无关，也不是因为辛苦，而是孤独。

在音乐的生活里，傅聪结交了不少挚友，跟傅聪同年参加肖邦大赛的阿什肯纳齐，和傅聪同一天生日的巴伦博伊姆，三个钢琴家是无话不谈的好朋友，也都是远离故乡的漂泊者，阿什肯纳齐是第一个公开脱离苏联的钢琴家，巴伦博伊姆生在阿根廷、在以色列长大、在欧洲开始音乐事业。可即便是音乐挚交，他们的底色却各不相同。有段时间傅聪和巴伦博伊姆天天见面，一起推敲如何诠释莫扎特，傅聪说"莫扎特是一半的贾宝玉，一半的孙悟空"，很难想象在犹太人文化里长大的巴伦博伊姆是不是真能听懂。还有他们各自弹了半辈子的莫扎特回旋曲 K 511，傅聪每次讲起它，落点都是李煜的词，"离恨恰似春草，更行更远还生"。

音乐里的赤子孤独了。他是一个喜欢用唐诗宋词表达古典音乐的人，需要通晓几千年的中国文化才能真的听懂他在说什么。他说舒伯特是陶渊明，莫扎特是李白，早期的肖邦是李煜，晚期的肖邦是李商隐。演奏德彪西的时候，他说这是杜甫的"无边落木萧萧下，不尽长江滚滚来"。他的内心渴望着共鸣，如同在《傅雷家书》里那样与父亲高山流水，这是父亲教给他的学问，也是来自母语文化的认同感。可在西方世界里，人们常常只是望着他，称呼他是"来自东方的哲学家"，并不能真正理解他。

最大的危机是肖邦。这是他研究了一生的作曲家，傅聪说过，肖邦是自己"精神上最接近"的人。他所演奏的玛祖卡让波兰人大为感动，认为他弹出了肖邦身上的"故国之情"，他也得到过象征最能诠释肖邦的玛祖卡奖。但其实他的诠释是很少见的，准确地说，只有他一个人。肖邦的主流演奏风格是忧郁、感伤、哀愁、虚无，是一个瘦弱的波兰作曲家离开故土后留下的离愁别恨。这些恰恰是傅聪最反对的。他批评这样的演奏不是肖邦，只是想象中的"肖邦的神话"。

最典型的例子是《C小调夜曲》（*Nocturne No. 21 in C Minor, Op.posth*）。肖邦一生发表了21首夜曲，这首排序21号，是作曲家死后公布的最后遗作。傅聪的版本是一段明媚的旋律，他突出的是强弱对比，忽明忽暗，像是暗夜远方闪烁的光。问题是，主流的肖邦演奏家里，没有一个人是这样弹的。肖邦夜曲的主流弹法是忧郁，它们给人最直观的感觉就是慢、更慢、慢到凄凉。尤其是最后一首作品，知名钢琴家们一个比一个弹得慢，以表达最极致的感伤，只有傅聪的版本从头快到尾。古典音乐最权威的期刊《留声机》（ *Gramophone* ）杂志称赞过傅聪的玛祖卡，但提到他的夜曲也直呼遗憾，"好几首夜曲都让他弹得太快了"。

中国台湾乐评人焦元溥在 2010 年到伦敦拜访傅聪，他们讨论如何理解肖邦。"我最恨的就是 Chopinesque（肖邦风格、肖邦式）的肖邦，轻飘飘、虚无缥缈的肖邦。当然肖邦有虚无缥缈的一面，但那只是一面，他也有非常宏伟的一面……我最讨厌感伤的肖邦，完全不能忍受！肖邦一点都不感伤！他至少是像李后主那样，音乐是'以血泪书者'，绝对不小家子气！"

访谈过程中，傅聪从原谱上找出一个又一个的例子，反复强调，"从乐谱就能知道他的个性，谱上常可看到他连写了三个强奏，或是三个弱奏，是多么强烈的性格呀！"他以肖邦《第二钢琴奏鸣曲》举例，"第一乐章是那样轰轰烈烈地结尾，极为悲剧性，音乐写到这样已是'同归于尽'，基本上已结束了。但第二乐章接了玛祖卡，这就是非常波兰精神的写法——虽然同归于尽，却是永不妥协，还要继续反抗！"

傅聪理解音乐的工作方式，很像自己的父亲。傅雷做翻译时缜密细腻，力求把原作者的思想、感情、气氛、情调一一吃透；而傅聪研究音乐，像一个搞田野调查的人类学家，他非常小心地读所有乐谱的原始版，检查作曲家手稿里的每一个注释，有时候作曲家把一段注释写好又画掉，他还会来回推敲其中的心理变化。不仅如此，肖邦去度假的岛是什么样子，写这首曲子那一年他经历了什么，他都会一一调查，为了不误解作曲家的本意，他还会去肖邦故居的钢琴上做试验确认，踏板到底有没有不同，音色听起来是不是不一样……

晚年回国上钢琴大师课，他把每一页乐谱都讲得很细。他的课上最常问的问题是，"你觉得这首曲子在讲什么？"讲解肖邦《A小调第2号前奏曲》(*Preludes Op.28: No. 2 in A Minor*)时，他强调，这首曲子的本质是在讲命运和卡珊德拉。在希腊神话里，卡珊德拉是受诅咒的先知，她能预言末日，但没人相信她的话。当人们为胜利狂欢的时候，只有卡珊德拉看到了末日，尽管无人理解，她仍在大声疾呼，直到最后，在误解中慷慨赴死。

傅聪说，这首前奏曲就是卡珊德拉的故事。左手弹的和弦是命运，右手的旋律是卡珊德拉在说话，弹这个曲子时，左手和右手一样重要，谁都不要附和谁，让它们各自说自己的话。

上课的傅聪有一种孩子的率真，整个课堂上最强烈的情绪是他对共鸣的渴望，想要分享、想要理解、想要听到回音。给学生试奏时，他沉醉地陷入旋律里，然后睁开眼睛，向学生俯过身去，脸上是一个老人的天真，"你知道吗？这就是卡珊德拉。"他边弹边哼唱旋律，指着琴谱叮嘱每一个演奏细节，如此反复，不时用典故启发学生，讲南唐李后主，赴死的浮士德，得不到理解的卡珊德拉，还有特洛伊人的末日。他的殷切期盼全部写在了脸上："你知道了吧？你懂卡珊德拉的感觉了吧？"他又试奏了一段，"这个作品的境界不是什么苦闷，而是非常恐怖，不是小我的那种忧郁，是命运啊！真是个悲剧性的预告，整个前奏曲都笼罩在这个预言里头，好像命运一样，阎王盖了一个章，一开始就是这样……"

2014年，傅聪80岁，我在那一年听了好几场他的"八十岁生日音乐会"，从春天一路听到冬天。那时的我听不懂他的肖邦，可是我迷恋他在音乐会现场的那种力量。这个人的音乐里有一份决心，他要把在场的所有人带走，用音乐带走。后来我看到他的访谈，更理解了他的信念，"人世间有很多喜怒哀乐，只有音乐可以把这些东西都变成美的东西"。所以，不管在场的人有怎样的烦恼，有他在的音乐厅是一座教堂，他要用琴声把所有人带去另一个地方，逃离自己的苦，离开小我的世界，去看音乐的美。他的琴声响起，是一条通往上帝的路。

为了实现这场逃离，傅聪在台下苦练，上台后渴望一种真空状态。回国演出时，他不止一次站起来跟现场听众抗议，要求他们停止聊天，不要拍照。在长沙田汉大剧院演出时，音乐厅楼下是迪斯科厅，他连续三次下台，拒绝在听得到迪厅舞曲的状态下弹琴。1987年在台北演出时，照明电源的变压器噪音太大，他在中场后要求关掉电源，换成蜡烛照明。

所幸的是，人们听得懂。台北音乐会最终留下音乐史上令人难忘的一幕。只有呼吸声的大厅里，肖邦在那一天的琴键上复活了。演奏结束后，人们迟迟没有离场，音乐厅里烛光明暗摇曳，掌声雷动。

江声浩荡

傅聪于 2020 年 12 月 28 日在英国伦敦去世，弟弟傅敏在一天之后得到消息，他把自己一个人关在房间里，一句话也没有说。

傅聪去世后，我重听了他的《C 小调夜曲》，听他留在肖邦夜曲里难以理解的明媚。那一天，我开始试着用傅聪的方式理解肖邦，忘了所有权威诠释，回到肖邦的原稿，以人的方式理解他。答案竟然很简单：这首遗作虽是最后发表，但音乐史学家考证，创作时间是 1837 年，那一年肖邦经历了一段痛苦的失恋，却也在同一年邂逅了乔治·桑，恋情让他重拾了生活的信心。所以，这段夜曲与哀伤无关，也不是离国恨，那是他生命中的爱慕。人生再难有比爱情更明媚的事情了，所以，傅聪想在这首夜曲里说的话，确实是只有中国人才听得懂的诠释——"蓦然回首，那人却在灯火阑珊处。"

我听过阿劳的肖邦，巴伦博伊姆的肖邦，阿什肯纳齐的肖邦，他们的诠释各不相同，却同是一个"哀"字，每个版本都凄美到难忘。在 2020 年最后的日子，我终于听懂了傅聪，他终其一生想要表达的是肖邦身上的"诗"。在钢琴面前，他献上的不是傅聪的肖邦，而是一个最接近肖邦的自己。

这让我想到了人们对傅家的另一个误解。人们往往把傅雷的选择理解为不堪受辱、绝望自杀。但是傅聪和香港作家金圣华对谈时说，父亲的离去也是一种勇气。这条不归路是他一早就决定的，他并不是受辱自杀，因为他早已超越了"士可杀不可辱"的层次，他清楚预见了结局，"凛然踏上死亡之途"，"带着一种庄严肃穆的心，自己选择这条路"。

傅聪这样解释自己对父亲的理解："我父亲一开始就是martyr（烈士）的典型，这就是他的karma（命运）。现在回想起来，很多中国知识分子对中国这传统有种特殊的感情。我父亲认为人有自己的选择，有最终的自由去选择死亡……他说过，人必死亡，而在死亡之前，人人平等。"

最后，他形容自己的父亲是"孤独的狮子"，是Cassandra（卡珊德拉）一类的人物。直到那时我终于明白，原来他弹的肖邦前奏曲之所以如此震撼人心，是因为那是望向自己的命运深处得来的领悟。左手是无可阻挡的命运，而右手不惧命运、视死如归的卡珊德拉，正是自己的父亲。

傅聪一生接受过的采访中，最常回答的一个问题是——做一个艺术家，最重要的是什么？

早年间他回答过修养、才能、品格、赤子之心，最后的答案是，"现在我觉得，也许最重要的是勇气。能够坚持黑就是黑，白就是白，永远表里如一，这很难做到，因为这个社会天天在教你说谎……要敢于不顾一切，只忠于艺术，真的很难。不过，说到勇气，我也是感慨很多……古代流放东北的那些文人，你说，说真话哪里有那么容易，这不是个人的问题，会牵连到朋友妻儿，所以，又能说什么是勇气？"

我常常想，什么是傅聪的勇气？答案也许是那些他没有做的事。他一生没有接受过政治庇护，在每一个缝隙都塞满宣传和包装的商业世界，他也从没有利用过自己的经历换取利益。选择买一张飞机票去英国的是傅聪，但此后的六十多年里一刻不停歇、每天连续十几个小时守在钢琴前，如奴隶般为音乐奉献一切的，也是傅聪。他的音乐只献给音乐本身，从无例外。巴以冲突中有场助阵性质的音乐会邀请他，他拒绝了，遭到了犹太指挥家的排挤，长期无法与一些交响乐团合作，损失了大量演出机会，但他毫不动摇，埋头练自己的琴。

在音乐的世界里，与他共鸣的一切都很特别。他最喜欢的指挥家是富特文格勒，一个在历史上被贴过"屈服"标签的人，他喜欢的肖斯塔科维奇被称为"懦夫"，舒伯特是房龙笔下"一生没有交过好运的病秧子"，而他听柏辽兹时，哭到久久不能站起来，给指挥写了40几页纸的信，那么柏辽兹是一个什么样的人？一个陷入孤独深渊的人，罗曼·罗兰是这样描述的，"一个曾经永不休止地战斗过的英雄，被革命洪流卷进大潮里，退潮时被搁浅在孤零零的礁石上，可怜巴巴地等着死神的降临"。傅聪恰恰从这些人的音乐里，发现了美，读到了力量，一种他一生都在追求的力量。傅聪特别喜欢一个网球冠军，但他是在这个冠军输的那天喜欢上他的，因为他笑了，还赞美了赢了他的对手，"看到他一出场，我就泪流满面，这才是大写的人字！"

他是一个信仰"无音之音"的人，相信那些没有说出口、却真正存在的真理，这是父亲在他人生之初就为他选定的路，"听无音之音者谓之聪"。

这就是一个钢琴家和他鲜为人知的勇气。晚年的傅聪常说，父亲讲的第一堂课简直是自己一生的写照，尤其历经变故还能活下去，靠的就是最后一句话，"人不知而不愠，不亦君子乎？"他把这句话视为自己的理想，这样翻译给自己的朋友听：

Nobody cares about you, knows about you, and you couldn't care less, isn't that bliss?

也恰恰是这份敢于不合时宜的勇气，让我们在200多年后，在音乐中与真正的肖邦重逢。肖邦的确是一个瘦弱的人，尤其得肺病后，按照音乐评论家勋伯格的描述，"力气小到连一个forte（注：音乐术语，强）都弹不出来"，但这并不意味着他的音乐只有孱弱，只能忧郁。他写下的曲子拥有最复杂的层次，层层叠叠的pianissimo（音乐术语，很弱）把细弱的音符久久留在空中，回旋在耳朵里，"以至于弹到正常的forte的时候，听上去像是雷鸣"。他用数不尽的极弱创造了一个极强的世界，这才是肖邦真正的神话。

作为钢琴家的傅聪终年86岁，但是他的音乐依然活着，直到今天仍能带我们去倾听真正的肖邦、莫扎特、德彪西以及舒伯特，所以，我们还远没有到跟傅聪告别的时候。他已经把自己想要说的所有的话，毫无保留地告诉了自己的琴，它们会活下来，活到下一个时代里去。

2020年7月底，新冠肺炎疫情在英国愈发严重，金圣华打电话问候傅聪，电话里的钢琴家说目前一切尚好，自己在家里除了音乐，会读读书，看看电视，在院子里晒太阳。

86岁的傅聪耳朵变差了，但他又不喜欢戴助听器，所以在最后的日子里，有时候他能听得很清，有时候什么也听不见。医生禁止他练琴，他时常瞒着医生偷偷练，扎着绷带忍着疼，回到钢琴前，他是音乐的奴隶，一辈子都是。后来实在弹不动了，他只能当评委，给人上课。学生弹琴弹到曲终会不自觉地慢下来，他总是一遍遍纠正他们，作曲家没有写要慢下来，曲子结尾就不要给人一种"坐下来"的感觉，要让音符继续飘在空气中，"音乐是诗，讲究意味无穷，诗里是不存在句号的"。

讲到傅聪的音乐，我只有一个遗憾。他在一次访谈中短暂提到过，小时候曾经为父亲写过一首曲子。傅雷在房间里吟诗，他有感而发谱了一曲。晚年弹奏德彪西的时候，他会想起这段旋律。这是我最想要再次听到的一首曲子，可现在永远地消失了，20世纪的高山流水已成绝唱。仅存的细节只有这些：写这首曲子时，他们命运中的风雪尚未到来，那一天，父亲吟诵的是另一个时代的苦涩，儿子谱写的也是另一代人的远行，只是我们再也无从听到了，就像那时候谁也未曾料到，触动父与子共鸣的浩荡江声，回头看来竟如谶语，是纳兰性德的《长相思》——

山一程

水一程

身向榆关那畔行

夜深千帐灯

风一更

雪一更

聒碎乡心梦不成

故园无此声

参考文献：

《傅聪：望七了》，天津社会科学院出版社；

《傅雷家书》，译林出版社；

《傅雷谈艺录》，生活·读书·新知三联书店；

焦元溥：《游艺黑白：世界钢琴家访谈录·1912-1944 卷》，广西师范大学出版社；

哈罗德·C. 勋伯格：《不朽的钢琴家》，广西师范大学出版社；

叶永烈：《傅雷与傅聪》，四川人民出版社；

金圣华：《傅雷与他的世界》，生活·读书·新知三联书店；

金圣华：《疫情之中念故人》，2020 年 7 月 31 日《明报月刊》；

《三联·爱乐-肖邦·钢琴作品》，2012 年第三期；

罗曼·罗兰著、傅雷译：《贝多芬传》，华文出版社；

罗曼·罗兰著、陈实 陈原校译：《柏辽兹：十九世纪的音乐"鬼才"》，生活·读书·新知三联书店；

《中国翻译家研究：当代卷》，上海外语教育出版社；

纪录片 Barenboim, Ashkenazy: Double Concerto—A Documentary of 1966；

上海文广：《可凡倾听：白桦专访》，2012-04-08 期；

凤凰卫视：《名人面对面》，2001-10-14 期；

国家大剧院古典音乐频道：《大剧院·零距离》，2011 年傅聪访谈；

傅聪钢琴大师课录像。

汪曾祺：

被忽略的

汪曾祺的一生

文／林秋铭　编辑／金匝

我希望我的作品能有益于世道人心，我希望使人的感情得到滋润，让人觉得生活是美好的，人，是美的，有诗意。

——汪曾祺

"他在写回忆的时候，不太愿意去哭天抢地，他就把这个东西写得很美，很漂亮，很激情。但是如果你能够了解和判断，你知道他背后压着的那些东西。"

1

2017 年，参加完汪曾祺逝世 20 周年纪念活动后，《汪曾祺别集》戏剧卷的编辑陶庆梅和汪家兄妹一道回北京，回来后，她忍不住和同事慨叹："世界上怎么会有这么好的一家人呢？"

和汪家兄妹见面后，才明白她口中的好是怎样的好。今年 8 月[①]，

---

① 本文首发于 2020 年。——编者注

一个暴雨天，车子拐进家属院，汪朗的妻子到家门口来迎我们，为我们收了伞，又将来访者的口罩一一挂在阳台，"一人一边，待会儿你们就不会弄错。"

汪朗从房间里走出，他今年69岁，头发渐白，说话的时候，眉眼像极了他的父亲汪曾祺。今年是汪曾祺的百年诞辰，他比以往更忙碌。我们见面的那个周六，他要赶往高邮，参加会议、拍纪录片，没有多少休息的时间。他像汪曾祺一样温和，不愠不怒，"服从安排"。汪曾祺纪念馆开幕那天，轮到汪朗讲话，他蹦着上台，遇人就笑，很顽皮的笑容。

这些年，关于汪曾祺的讨论多了起来。据统计，自1997年汪曾祺去世，到2018年上半年，关于他和他作品的各类出版物，已经达到了200多种，数量在近5年来激增。年轻人把汪曾祺称作"吃货作家"，觉得他擅长吃吃喝喝，擅长写美食，去年4月，他的名字还上了热搜，"汪曾祺 好爱吐槽一男的"，一个诞辰近百年的作家，越过时间，和当下发生了奇妙的互动。

太热闹了，延续的工作落在了他的三个子女身上。儿子汪朗、大女儿汪明身体都不太好，最小的女儿汪朝揽过活儿，负责对接父亲作品的出版事务。找上门的出版社很多，事情太杂，有时稀里糊涂就签出去一本，各种版本乱了套。"我们不希望他那么热，他应该是一个长销的作家，不应该是热销的，大家安安静静地喜欢读他的书，他就很开心了。"汪朝说，那种状态就像汪曾祺在《草花集》里写，"我悄悄地写，你们就悄悄地看。"

在北京蒲黄榆的那个家，汪曾祺就是悄悄地写。书桌上，放着老花眼镜，一包云南玉溪和一包红塔山，是他常抽的，还有一杯刚泡好的龙井。他坐在低矮的沙发中，身边是堆叠的纸卷和书籍，垒得很高，弄得沙发像嵌进去似的。他偶尔会从纸卷中摸出稿纸和钢笔，一气呵成写就一篇文章。

他写春天，"我所谓的'清香'，即食时如坐在河边闻到新涨的春水的气味，好想尝尝。"写昆明的雨季，"昆明的雨季是明亮的、丰满的，使人动情的。城春草木深，孟夏草木长。草木的枝叶里的水分都到了饱和状态，显示出过分的、近于夸张的旺盛。"写紫薇树，"树干近根部已经老得不成样子，疙瘩流秋。梢头枝叶犹繁茂，开花时，必有可观。用手指搔搔它的树干，无反应。它已经那么老了，不再怕痒痒了。"还有那句广为流传的句子，"栀子花粗粗大大，又香得掸都掸不开，于是为文雅人不取，以为品格不高。栀子花说：'去你妈的，我就是要这样香，香得痛痛快快，你们他妈的管得着吗！'"

他受作家契诃夫、阿索林和海明威的影响颇深，"我很喜欢阿索林，他的小说像是覆盖着阴影的小溪，安安静静的，同时又是活泼流动的。"这些人对他的影响之深远，像云南的菌子，"菌子已经没有了，但是菌子的气味留在空气里"。与他结识的朋友又道，他看书看得杂，喜欢看自然笔记和明清的奇闻逸事，花花草草带给他生机，让他的语言总是灵动舒展，有一股"碧绿透明的幽默感"。

汪曾祺笔下的生活冒着热气，文字背后，藏着他的波折一生：出生高邮，在家乡生活了近20年后，赴西南联大就学，在昆明待了7年，被打成"右派"，下放到张家口劳动4年，最后在北京京剧团工作了近30年，直至去世。他是一个甘愿游走在边缘的人，却难免被卷进旋涡之中，那一代人的命运可悲可叹，才华被苦难洗涤，却也被乱世耽误了，直至60岁，汪曾祺才作为作家被世人看到。

但他的文字里，从不流露这些冷遇和苦难。《宁作我：汪曾祺文学自传》的编者、研究汪曾祺多年的学者杨早说，"他在写回忆的时候，不太愿意去哭天抢地，他就把这个东西写得很美，很漂亮，很激情。但是如果你能够了解和判断，你知道他背后压着的那些东西。"

2

汪曾祺离开23年后，他的生活痕迹在汪家渐渐消退。西直门福州会馆的房子，汪明住了进去，书房改成了卧室，再看不出原来的样貌。遗物大多交给了汪曾祺老家高邮的纪念馆，汪朗在家寻了半天，才掏出一个不锈钢酒壶，外面包着一层羊皮，一摇，还能听到叮叮当当的酒声。那是有一年去美国，台湾作家聂华苓给汪曾祺灌的一壶威士忌，他没舍得喝，一直留着。还有墙上一副墨蓝色调为主的水墨画，汪朗嘿嘿笑，"也不知道老头儿画的是什么，觉得好看，就挂在这儿了。"

父亲逝世后，汪朗代替父亲，坐在沙发上接待更多关注到汪曾祺的人。年轻的朋友们爱汪先生，花费了一年多，意欲在他百年诞辰时为他做一套集子。他们邀请汪朗做主编，编出了一套轻薄的《汪曾祺别集》。书送到汪朗手上，他摸着书皮上的马蒂斯剪纸，把父亲的一生又讲述了一遍。

记得最深的，是7岁那年，和母亲一同送父亲去张家口进行劳动改造。1958年，在民间文艺研究会就职的汪曾祺被划为"右派"，"表面上的理由是单位右派数目不够，需要'补课'，而真正的原因是他得罪了单位的一些人，卡了他们的稿子，因为他觉得水平不够。"他在张家口干的都是体力活，扛170多斤重的麻袋，在木板上折返，木板一颤，身子也跟着颤动。这活儿行话叫"跳"，讲究腰上的劲道。如果没跟好木板的节奏，就会从木板上掉下来，一不留神，直接摔在泥石混杂的地面上，或者把腰给扭了。

即使在这样的日子里，汪曾祺还是能掘出许多美意。汪朗记忆里，父亲从来不诉苦，也不抱怨，张家口的冬天太冷，把公厕里的屎尿都冻成了大冰坨子，他得把它们掏出来，搬到一块儿。夫人施松卿问他，脏不脏啊，臭不臭啊？他笑起来，手舞足蹈地做了一个甩手的动作，没事，冰碴子落在我身上，抖抖就掉了！他的笑是特别的，把头歪着，缩起脖子，半掩着嘴笑，有一丝狡黠，也有一些稚气。

在果园给果树喷洒波尔多液，是用硫酸铜加上石灰再配水，液体蓝蓝的，汪曾祺会形容波尔多液"颜色浅蓝如晴空"。给农科所画《中国马铃薯图谱》，他每天到马铃薯的地里，掐下叶子和花，泡在瓶子里，对着它们画，对一颗马铃薯也不敷衍。后来他还有了一个发现，马铃薯"麻土豆"的花是有香味的。画完了，他便把它们放到牛粪火里烤熟，吃掉。全国像他这样吃这么多种马铃薯的人没有几个，对此他有些得意。

那时，汪曾祺给还在上三年级的汪朗寄书，因为不清楚那个年纪的孩子都在读些什么，寄的都是《吕梁英雄传》《西游记》原著这些小孩啃不下的书。父亲寄来的东西，是珍贵的，汪朗放在床头，生生地读下去，他看不懂繁体字，连蒙带猜地硬是把《西游记》看完了。

1960年10月，汪曾祺"右派"的帽子被摘，结束劳动，但日子并没有就此平顺，"文革"十年动荡，他未能幸免，被批为"反动权威"，每天写检讨，进牛棚劳动，劈柴抬煤。汪明那时上小学六年级，回家路上看到有人坠楼，慌了，她叮嘱父亲，"不许自杀！"汪曾祺看着女儿，郑重地对她承诺，"好吧。"

他憋闷坏了，只能趁着晚饭间隙，喊孩子回来吃饭的片刻，发泄一下心中的愤懑。"汪朗——"他喊，"回家吃饭喽——"他又喊，惹得楼下众人瞩目。喊完，他又开始说笑，"心里痛快多了！"

子女们不懂父亲犯了什么错，去看大字报，结果碰上正准备去抬煤的父亲。本来是尴尬的局面，汪曾祺却用调侃化开，他问他们的来意，应了一句，"好好看吧"，若无其事地继续扛他的煤去了。回家，汪朝笑他，"爸爸剃秃子一点不好看。"他们管汪曾祺叫小癞子，他高兴地应着，给他们摸他的光头。

汪曾祺的老师沈从文说，"你们能欣赏我文字的朴实，照例那作品背后潜伏的悲痛也忽略了。"汪曾祺也有相似的说法，"人到极其无可奈何的时候，往往会生出这种比悲号更为沉痛的幽默感"，让人想起电影《美丽人生》里的父亲圭多，黑暗的、压抑的时候，他用各种方法保住孩子的童年，保住生活的热情，不让火光熄灭。

"文革"拧干了那一代知识分子对写作的热忱，不少人都说不愿再写了，但汪曾祺对诗意与美依旧固执，书写是他的出口。

样板团需要排新戏，于是进了牛棚半年的汪曾祺又给放出来了。在样板团里写样板戏，汪曾祺是战战兢兢的，头上还顶着"控制使用"的帽子，心里老是绷着一根弦。但他总归还有一个写字的地方。"文革"结束后，其他人相继自由，他因为和江青的关系受到审查，被责令反复交代，还被空挂了两年，日子不痛快，回家喝了酒，他发起了脾气，"这些浑蛋、王八蛋！一点都不懂政策，我以后什么都不写了，我要剁指明志！"

但他放不下写作，即使在最压抑的六七十年代，他还在偷偷地写。写了不能发的作品，他就藏在给朋友的信里，抑或写好了，在身边带着，穿过城市，送给城市另一头的朋友看。后来出版的《戏曲剧本卷》中，"文革"中创作的剧本，只留下了《沙家浜》。

汪曾祺的文章极少改动，唯独一次，他写《寂寞与温暖》，前后共有6稿。写这篇小说是夫人施松卿的提议。80年代，描写反右的文章渐多，家人觉得"老头儿"也可以写写，但写成之后，他们都不满意，发现汪曾祺和别人写得都不一样，他的作品里没有大苦大悲，不惨也不痛，这和当时作为主流的伤痕文学不符。家人盯着他，前前后后改了6次，却还是那么温情与温暖，他们没辙，只好任由他去。

汪曾祺偏爱一篇小说，名为《天鹅之死》。1980年的冬天，北京玉渊潭公园飞来四只天鹅，汪曾祺每天遛弯都要去看。某一天夜里，有两个青年用枪将天鹅打死了，要吃它们的肉。汪曾祺很气愤，"怎么能这样呢？怎么能这样呢？"回来连夜写下了这篇小说。"他写这篇小说，并不只是叹惋一只天鹅的命运，而是对许多人失去爱美之心而感到深深的悲哀。"汪朗说。

多年后，汪朗在父亲的多数作品里都找到了那根温暖的弦，他渐渐体会到父亲对文学的主张："我希望我的作品能有益于世道人心，我希望使人的感情得到滋润，让人觉得生活是美好的，人，是美的，有诗意。"

3

和那个时代里所有年轻人一样，汪曾祺的三个孩子，汪朗、汪明和汪朝，都是没有选择的人，只能随着社会的洪流走。

1968年，儿子汪朗离开北京，在山西农村上山下乡。1969年，大女儿汪明去了东北兵团。1970年，小女儿汪朝被分配进了丝绸厂。汪曾祺和施松卿，留在北京。一家五口散落各地，只能在偶尔寄达的书信中得知彼此的近况。

汪朗在山西待了三年半，在农村挣工分，一天出的汗，凝结的盐粒能把衣服支棱起来。艰苦的环境里，他想起父亲，父子的经历在此刻重叠，"我发现，他那种对于生活美好的感悟，任何时候都是存在的，我在农村，绝不可能想象这个地方的美，只是过一天算一天，可是他就写出了《葡萄月令》，写得多纯净啊。"他念出《葡萄月令》的第一句：

一月，下大雪。雪静静地下着。果园一片白。听不到一点声音。葡萄睡在铺满白雪的窖里。

又感叹一句，"多美啊。"

后来太原的钢铁厂招工，汪朗应聘做了炉前工，每天工作8小时，把铁水不断加热，再加上其他材料，让它们化为钢水，一炉要炼出60吨的钢水，浇筑成钢锭。至今，他还常梦见在锅炉厂做工的场景。梦里，他发现自己站在锅炉前，机器轰鸣，他喊，这么多年了我也不会干了呀，怎么又回来了。他着急，吓醒了。回想起那一幕，还是会发怵。

当时和汪明同一届的学生，都被派去东北兵团和内蒙兵团，16岁到26岁，汪明也在黑龙江待了10个年头，在农场里种大田。她在那里得了严重哮喘，寒冷的气候还让她患上了风湿性关节炎，疼得厉害。家里人又气又心疼，去之前还挺健康的孩子，怎么回来就是一病号了？病痛在她身上扎下了根，如今60多岁的她，身子骨依然不太好。

汪朗有一回用小楷给家里写了一封信，汪曾祺回复他，你还能拿毛笔写信，我觉得很高兴，我去给你看看有什么好帖，帮你买几本。汪曾祺给汪朗和汪明两兄妹寄去贺敬之的《放歌集》，说这些诗写得很有激情，汪朗趁着闲时，在本子上抄了几首。汪明还收到过父亲写的一封有关"绿"的信，信里，汪曾祺写自己在井冈山看见的不同绿色，"日出前朦胧的绿""日出后亮丽的绿""层峦叠嶂、苍翠欲滴、葱葱郁郁"。朋友们和汪明说，从未见过谁的爸爸这样给女儿写信！

只有汪朝留在北京，算是对父母的慰藉。她15岁去丝绸厂，除开半小时的吃饭时间，其他时间都在织布机前往返巡回，处理故障。有时候上大夜班，从晚上10点上到早晨6点。因为睡不好觉，她偶尔会朝父母发脾气，但她知道父母同样无可奈何，没有一点办法，"那时绝对不可能走，要是想辞职，他们会觉得你是不是疯掉了，你会变成一个被社会唾弃的人，你什么身份都没有了。"

再后来，政策渐渐有了松动，有能耐的家庭把孩子从兵团、工厂里调出来，做文职工作。"知识分子家庭是最无能的。"汪朝回忆，父亲汪曾祺不善于处理人际关系，无力也无奈，只能由母亲施松卿四处找路子，费了很大劲，才让汪明办理了病退，又给汪朝找到一份中国图片社编辑的工作。高考恢复，汪朗考上了中国人民大学，一家人才在北京团聚。

沉重的黑云之下，汪曾祺极少和子女聊文学。他们也对他的小说"满不在乎"，有一搭没一搭地看。汪朗从事了媒体行业，汪明在大学的外语系里做教务工作，汪朝做着图片编辑，直至三人退休，都未曾正式踏足文学这一行。"要说文学上的烙印，根本没有。但他和任何人相处都很平等，很蔼然，这在我们的性情中，是长久存在的。"汪朝说。

在家里，不论是儿女还是孙女，都喊汪曾祺"老头儿"。"我和老头儿开玩笑，家里有几口人，你就排在第几位。"汪朗说，"我们就是拿他开涮，开个玩笑什么的，我们家都是没大没小，这是他培养出来的。"除了让儿女们出门打些酒，"老头儿"从来不支使他们做其他事。学校里老师要求学生互相称呼"您"，他和孩子约好，在外头说"您"，在家说"你"。

直到去了工厂，汪朝才明白什么是"男尊女卑"。她很吃惊，不明白为什么工厂里的同事觉得生了男孩就高兴。到同事家里拜访，看到这个家里的父亲一回来，全家都围绕着他，打水、提包、倒茶，她觉得稀奇。

"一个想用自己理想的模式来塑造自己的孩子的父亲是愚蠢的，而且，可恶！"汪曾祺曾写。他的笔下，他和他的父亲汪菊生是"多年父子成兄弟"。两人也产生过分歧，他离家去后方考大学，父亲是不愿意的。到了昆明，家里的经济来源断了，他没饭吃饿得慌，心里埋怨过父亲。回到上海，父亲又希望他能进银行工作，僵持了很久。但汪曾祺还是深爱父亲，父亲同样给了他一个完满美好的童年。到了春日，父亲会领着他去放风筝，风筝线是胡琴弦，他从未见过那样的风筝。他写情书，父亲在一边出主意，父亲喝酒，给他也倒上一杯。他写，"我想念我的父亲（我现在还常常梦见他），想念我的童年，虽然我现在是七十二岁，皤然一老了。"

汪曾祺从未在儿女面前提起过和家乡有关的过往。他不说，儿女们也不问自己的来处。三个儿女在北京出生、扎根，操一口地道的京腔。一次，高中同学和汪朝提起："你爷爷是个特有意思的人。"汪朝撇撇嘴："有什么意思，一个老地主！"他们不称汪菊生为"爷爷"，只称"你那个地主爹"，大家哈哈大笑，汪曾祺在一旁苦着脸，一脸无奈。

一回，汪明看繁体字文章，问汪曾祺，"郵"字怎么念。父亲突然兴奋起来，"邮局的邮，我的家乡高邮的邮呀！"他指给汪明看，高邮在地图上的位置。还有一次，汪朗途经高邮，倒是比他早一步回到故乡，于是他每天追着汪朗，想要套出故乡的近况。

龙冬是汪曾祺的一位忘年交，偶然的一次，他得知汪曾祺在研究秦少游词中的高邮方言，他记录下那时候的汪曾祺——"他是一个有怀旧心思的人，童年的经历，家乡的风物，过去的事情，他总是软软地怀在心里。"

汪曾祺的平等观，还在于对底层人的平视和怜悯。汪朗读大学时，老师布置了一个题目，让学生们分析元曲《救风尘》，写一份读文报告。《救风尘》讲的是一个女性互助、摆脱权贵的故事，故事主角、妓女赵盼儿将好朋友从一个花花公子手中救了出来。汪朗跟汪曾祺说起了这个故事，汪曾祺点点头说，赵盼儿是一个了不起的女性，她本是社会最底层的人，没有任何资本力量可以借助，身体便是她的资本，她有情意，也有大智大勇。

他也没有什么阶层的观念，家里请来的"特护"小陈，是一位从安徽农村来的二十多岁的姑娘，汪曾祺教她做菜、做家务，还为她斟酒。任何人来索画，汪曾祺也不拒绝，家人急了，希望他能多休息，他却淡然地继续接受所有人的要求，细细画着、写着。年轻的朋友们来拜访，常常是来了两三次后就没声响了，但只要来，他和夫人都陪他们聊到很晚，一句抱怨也没有。77岁了，他拉着32岁的龙冬去跳迪斯科，在灯光四射的舞厅里，好奇张望，再回到地下餐厅，尽兴地喝鲜榨啤酒。

4

60岁以后，汪曾祺突然在文学界冒了出来。他决定写自己熟悉的生活。写儿时的高邮，写居住过的昆明，还有经历过的磨难中的苦趣，这次有了《受戒》《异秉》《大淖纪事》这些浸透高邮风土人情的作品。在此之前，他出过小说集，但知道的人不多，文学界只把他当作编剧，一些同行因为他写过"样板戏"，甚至不敢向他约稿。

1980年，老友林斤澜将他的短篇小说《异秉》推荐给了文学杂志《雨花》，起初没能获得通过，3个月后发表的《受戒》却引起了讨论。随着《大淖纪事》得了1981年的全国短篇小说奖，上门约稿的编辑才多了起来。

那时，主流文学依然是伤痕文学、朦胧诗派。汪曾祺的小说让文学界眼前一亮，却也没有太大的声响，他们不知道该如何对待他的作品，没有合适的评价体系，连批评的声音都寥寥。"伟大的作家或是俯视人间，对其进行无情的解剖，白刀子进去红刀子出来才过瘾；或是对社会进行深入的透视，之后向人们讲述所发现的深刻道理。爸爸做不到。"汪朗写道，他说，"人间送小温"，注定了父亲不会是一个伟大的作家。

对这个世界，汪曾祺并不是没有批评，没有脾气，太多的情绪被掩盖在温暖的文字下。龙冬见过汪曾祺的愤怒，是在一场饭局上，他和作家苏北在汪曾祺家吃饭，苏北劝汪曾祺："汪先生，你现在啊，想写就写，文学史将来肯定留下你一笔了，不想写呢就不写，玩一玩！"汪曾祺沉默了一会儿，突然生起气来，激动地拍桌子，"写作对于我来说，是生活的一部分，是密不可分的一部分。"他顿了顿，又说："甚至是全部，甚至是全部！"

那种苦闷和寂寞，只有见到彼此理解的人才会迸发出来。1987年9月，汪曾祺应聂华苓和她的丈夫安格尔的邀请，去美国爱荷华参加国际写作计划。聂华苓在美国生活了20多年，对家乡仍然怀有浓厚的感情，在聚会上唱起《我的家在东北松花江上》。台湾作家陈映真也在席上讲起自己对祖国的感情，汪曾祺觉得触动，和陈映真拥抱在一起，哭了。聂华苓也激动，说，"你真好！你真可爱！"他扭头和聂华苓说，"我已经好多年没有哭过了。"他后来给聂华苓写信："我像是一个包在硬壳里的坚果。到了这里，我的硬壳裂开了。我变得感情奔放，并且好像也聪明一点了。"

另一次少见的哭泣发生在1991年。在云南大理，汪曾祺参加一个笔会，夜里，与会者谈起在云南度过的青春日子和后来的命运往复，相互望着，掉下泪来。汪曾祺哽咽着说，"我们是一群多么好的人，一群多么美的人，而美是最容易消失的。"

龙冬在文章里记录了一次压抑的会面。那天傍晚，他和汪曾祺在屋子里闲聊，没有开灯，"我说，汪先生，听到很多人谈到你，说你就是吃吃喝喝的作家，花鸟虫鱼。我说不是的。您一篇《天鹅之死》短篇小说，写'文革'中的舞蹈演员被迫害致死，最后这些刽子手歹毒之人还要把这个美丽的形象解剖，以此来满足一些变态私欲。"他接着道，"我说，这样的作品，汪先生，是你很重要的作品。"龙冬透过昏暗的光线，看到汪曾祺继续抽着烟，不说话，眼睛却红了。

人生的最后几年，汪曾祺梦见过沈从文先生。在梦里，他见老师一如既往的清瘦，穿着长衫，夹着几本书，匆匆忙忙地走着。他们聊起文学，老师如记忆中温和执着。到 77 岁的时候，汪曾祺跟随着沈从文先生去了，那是 1997 年 5 月，他因为饮酒，造成消化道大出血。吐血时，他交代汪朗，哪些画存放在哪儿，文章要发给谁，"都是约了的。"病床上，汪曾祺先生还念着外头，他抬头问汪朝，"杏儿是不是该下来了？"他馋春夏之交的杏子。

关于衰老和死亡，他曾写过一首题为《七十书怀出律不改》的旧体诗，"假我十年闲粥饭，未知留得几囊诗。"他想和时间争一争，未承想，就此输了。老友林斤澜来医院看望他，"我和曾祺都约好了，下世纪谁也不服老，还要划拉划拉点东西。"他没能走到下个世纪，在医院住了一周多，便与世长辞。

葬礼的花卉选用了鲜花，那时候鲜花难得，每人握着一枝，悼念完，上前轻轻放在遗体边上。最后，大把大把的玫瑰、月季、勿忘我被一瓣瓣揉碎，花瓣覆盖逝者的身体。龙冬特意选了圣 - 桑的《天鹅》作为哀乐，这个决定，汪曾祺兴许是非常愿意的。

汪曾祺和夫人施松卿长眠在北京的福田公墓，知晓父亲念家，兄妹三人仅在墓碑上刻了五个字："高邮 汪曾祺"。这几年，墓园的土地吃紧，早些年墓碑旁栽种的桃树被连根拔起，原来粉粉白白一片花海，如今显得凄凉许多。每次去公墓，汪朗总会给父亲带两瓶小酒，袖珍的包装，不多喝。家人们站着闲聊，和老头儿说今年的变化，把新书摆在墓前，开他的玩笑，"老头儿，我们都挺好的，你好好待着，今年又给我们挣了不少稿费。"说完，大家大笑，把瓶里的酒倾倒在墓前，酒香漫起。

聊完了，准备离开，没走两步，有人想起，"还没给老头儿鞠躬呢！"一群人咚咚咚跑回来，站成一排鞠上一躬，又嘻嘻哈哈地，各自散去了。

再连线

汪朗71岁了。退休后，他的生活安排大多是跟随父亲汪曾祺的纪念活动而变动。他自嘲是一个替代父亲在场的"象征"，又理解和接纳这些喧嚣。

也是在这十年里，汪朗察觉到自己和父亲生命状态的不同。"老头儿"和生活是较着劲儿的，即使在黑暗的日子里，也从未停过笔头，晚年仍迸发出饱满的创作欲望。但他不同，晚年于他，是花两三个小时做一顿饭，偶尔从窗外探头望望远处渐黄的银杏，每天感受身体一寸寸的衰老变化。但父亲这样一个主动性强盛的人，却从未对他们三兄妹有过任何期许，子女做什么职业，"老头儿"都乐乐呵呵的。汪朗

寻到了自身这种性格的源头，生活的坦然和自由，是父亲给他留下的最珍贵的礼物。

汪朗有一份持续多年的兼职。每天下午，他会坐在客厅，记录和反馈某家电视台在播报新闻时出现的错漏。他感知着世界在这三年内的变化，理解年轻的人们身处其中的迷惘和无助。他会由此想起父亲。在压抑的年代，父亲拒绝不诚实地写作，又留着小小的火种，天明时再将它吹亮。这些经历和过往，大概是父亲留给年轻人的礼物，它们比以往更具有叙述的力量。

《人物》：2020年来拜访的时候，您的活动还蛮多的，最近两年的

生活节奏怎么样?

汪朗: 2020年正好赶上(汪曾祺诞辰)百年,有点热闹。最近两年没什么事,就是老家有点活动。去年回去了几趟,他们搞了一个大闸蟹节,我就着两个北京的美食家,还有厨师,到那儿用当地的螃蟹给他们做了几道菜。最近一次回高邮,是因为搞了一个汪曾祺小学生作文比赛,回去给他们颁奖。我经常是象征,没办法。就算是给老头儿的家乡做点贡献吧,我能理解。

《人物》:您最近会察觉到一些身体的变化吗?

汪朗: 肯定还是有变化的,岁数越来越大了,七十多了。大体上还可以,就是换季的时候心有点慌,供血受点限制,也做不了跑跑跳跳这种事了。

《人物》:那年我们是8月份来采访,三个月后,得知汪明老师(汪曾祺长女)去世了,很突然。

汪朗: 确实,我们都觉得很突然。她身体一直不是很好,但是也没有到这么快,因为最后没有查出是什么毛病。她患白血病的时间挺长的,但指标没有那么严重。后来说有其他的癌症,但是也没有检查出来,所以就……

《人物》:这件事会让您对生命生出新的感触吗?

汪朗: 无所谓了。早点晚点也没

什么太多可记挂的事情。我当年得心梗，他们说我都已经抢救了半天了，觉得过不去了，过后也就这么回事。好像都觉得，那些比较有名的人，到了晚年应该抓紧做点什么，但是我从来没想到我要做什么。

我1982年从大学毕业，后来一直在《经济日报》，没换过地方。也经历过改革开放的上升期，最活跃的一个时代。退休的时候我想，事业也就这样了，孩子也都成家立业了，那么以后就活出自己的世界吧，自己能干什么干什么，后来发现也不是那么回事。真是没有规划。主要是没本事，所以就没规划。我这人也是主动性不强。写点什么都让人家逼的，人家不逼我不写。

但是老头儿和我相反，他的主动性非常强，很强很强。他认为，他就是一个搞文学创作、写小说的料。他的这种自信心，或者说是兴趣，非常浓厚。

《人物》：他这种强烈的主动性没有影响到小时候的你们吗？

汪朗：没有，他反而对我们说，你们干什么都行。这玩意儿也奇怪，他认为他很有使命感，但对孩子没有任何要求。早期他写的几篇小文章，有一篇就说，小时候我上幼儿园，每次都是他接送我，都要坐公共汽车。我觉得开公共汽车挺好玩的，每次都要挤到前边去看那司机开车，怎么轰油门。我就说以后要当一个公交车司机。他还把这事儿写文章了，说我儿子要当公交车司机，我没意见。

小时候我特别头疼写"我的理想"，因为没理想，我想不出来。最后我的理想就是当一农民，开拖拉机什么的。但是呢，小时候就觉得，还是应该读点书，还得学点东西，所以看书这习惯一直都有。他也不给你要求，想看什么就看什么。

《人物》：主动性强的人，被压抑的时候会感到更加的痛苦。

汪朗：那个时候可能也把他给摧残得麻木了，虽然也有写小说的想法，但觉得是遥远的事情。包括20世纪80年代的时候，他那些朋友，还有这些刊物的编辑，三番两次找他，他都给推辞了。但最后，毕竟那颗种子还在，就写了。

他也没想到，他这么快（去世）。实际他的晚年一直没有放松过。后来给他编的全集，差不多四百万字吧，大概三分之二都是他60岁以后写的，一看确实还挺勤奋。你想想他还有大量时间干家务，要买菜要做饭，还有好多应酬呢。他始终就是不忘搞文学创作这点。我就没这本事。（笑）

我还有什么事？真是没有。现在书都看得少了，因为眼睛花了。情绪上也没有什么那种一定

要看什么的愿望。到这会儿没知识就没知识了。（笑）

《人物》：现在很多年轻人会感慨，从汪老先生过去的文字中，得到了一些力量。

汪朗： 老头儿在文学创作上一直很辛苦，坚守着自己的主张。解放以后，他基本上没有写过这些文学作品。他觉得写不来他就不写了，也没有想到日后会怎么样。那个时代不需要他那种写法，他也不改，就先放着吧。直到外部环境有了改变以后，他再重新出来。

这也让他的创作中断了一段时间，但同时也有好处，他不用回过头来再重新恢复自己的创作手法和理念，他的语言没有受到污染和影响。

《人物》：您经历了一段自由的、上升的时期，您会理解年轻人的彷徨吗？面对当下，您有什么建议和年轻人分享吗？

汪朗： 当然能理解。没办法，现在这状态，人确实会很不知所措。鼓励没有，还是静观其变吧。日常的工作能应付就应付，多出来的精力去写点什么丰富自己，研究点问题，别让自己废了。没准日后，万一有变化呢。以后再慢慢地把这些东西唤醒。等下去，熬到底就是胜利。

童道明：

那个诗意，害羞，

温柔的人啊

文\罗婷　编辑\柏栎

> 爱情是会让人痛苦的，契诃夫的《三姐妹》早就说过了，二百年之后，可能我们还是会像现在这样痛苦，但是痛苦能让人思考怎么活着。
>
> ——童道明

"一方面你会很欣喜，感觉世界上有这样的人的存在可真好啊。另一方面也会觉得很害羞——哎呀，我和这个最好的人、就在身边的人，差得可真远啊。"

樱花开的时候我们再见

快70岁了[1]，童道明开始写爱情。年轻的朋友失恋了，他就写

---

[1] 本文首发于2019年。——编者注

一部戏，讲一对男女怎么相遇，又怎么分开，让这位朋友去导。演出的夜里，观众围坐，两位演员就在圆形舞台中间。剧场里挂了许多白纱，朦朦胧胧的，台词里有普希金和李白，有《安魂曲》和诗。刚好停电了，现场点了蜡烛，风一吹，白纱飘了起来。隔了好多年，演员还清晰地记得那个晚上，"大家都傻了，太奢侈了。"

童先生也跟人聊爱情。他什么都能看得明白，能体恤人最细的感情。"爱情是会让人痛苦的，"他说，"契诃夫的《三姐妹》早就说过了，二百年之后，可能我们还是会像现在这样痛苦，但是痛苦能让人思考怎么活着。"

朋友们感慨，老爷子真浪漫啊。现代人之间有许多信不得的承诺，比如"咱们下次再约""咱们找机会再见"。童先生不这样说，他会告诉你："咱们樱花开的时候再见面。"等到樱花快开了，他的电话真的就打来了。去年中秋节，他和戏剧制作人刘海霞约吃饭，说我们下午先去喝咖啡，晚上再吃饭，吃完饭就坐在长椅上看月亮。"这样，我们白天的太阳、晚上的月亮都能见到了。"

潘家园附近那栋社科院家属楼的四楼，就是童道明先生的家。你会觉得这屋子老了，家具是旧的，沙发、镜子、水杯都是老式的。书塞满了整整三面墙，有些是半个世纪前的装帧，泛着深浅不一的黄色，提醒你流逝的光阴。它们堆得没那么整齐，不过爱书人一看便知，那是常常翻阅而造成的凌乱。

但只要踏进门槛，稍作交谈，你就知道，这屋子的主人还年轻呢。

60岁之前，童道明是社科院外国文学研究所的研究员，沉默地翻译俄国文学作品、写剧评，不为大众所知。退休后，他反而爆发了创造力——60岁完成了第一个剧本，75岁时出版了第一个剧本集。他说自己常在心里默吟契诃夫的一句话："随着年岁的增长，我生命的脉搏跳动得愈加有力了。"

两年前，他80岁了，开始更新自己的微信公众号"童道明札记"，每周两期。他不会用电脑打字，每回都是手写了，发给在国外读大学的外孙，外孙再打好字、传上去。最开始童道明刹不住车，洋洋洒洒一篇写好几千字。外孙抗议了，这工作量太大了啊，他只好把篇幅缩短到了每篇不超过400字。

今年春天，在自己的82岁，童道明写完了最后一部戏。距离戏上演不到半个月的日子，6月27日，他在北京病故。八宝山的追思会上，有好多泪眼汪汪的年轻人。演员濮存昕在现场说，"童道明真心热爱戏剧和戏剧行业里的人，对戏剧有很多浪漫的想法，但同时又对应该坚持的，坚决捍卫。"

每个受访者都说起他温柔的坚持。他如何在60岁之后，与快速流逝的光阴斗争，通过创作获得自我实现，也让自己自由浪漫的天性舒展。

与这样一个人交朋友，是一种什么样的感觉？他年轻的朋友张子一想起，有年她循着童道明的指引去俄罗斯旅行，在海参崴的海边看到几个身材健美的俄罗斯少年在海里扎猛子，爬上来跳下去，爬上来再跳下去，一直扎了一个多小时。黄昏里的这一幕她久久不能忘怀。她觉得童道明也是那个"啪啪"扎猛子的人，只不过少年有的是体魄，他有的是丰沛的情感和创造力。

"一方面你会很欣喜，感觉世界上有这样的人的存在可真好啊。另一方面也会觉得很害羞——哎呀，我和这个最好的人、就在身边的人，差得可真远啊。"

自由

这些年，只要天儿好，跟人约在家里见面，童道明总会提前很久下楼候着。有一回戏剧制作人刘海霞提前20分钟到，想到点儿再上去，发现老爷子已经在家楼下的长椅上坐着了。每到节日，就算是只见过一两面的朋友、报社约稿的编辑，也会收到他的信息。他在短信开头庄重地写上对方的名字，让年轻人们受宠若惊。

与人交往，他永远有老派的得体。2017年，中国台湾剧评人李立亨带了老家基隆的凤梨酥去拜访他。最后要离开的时候，他要回赠礼物。可是除了已经给的新书之外，实在找不到东西。他很腼腆地说，"我弟弟送了我一个牙膏礼盒，你可不可以收下？"

看一个写作者是否温柔，是否善良，文字是最诚实的。童道明这样写卞之琳先生——卞先生去世前好几年就不出家门了。热心的年轻人张晓强倒不时去看望看望他。回来还告诉我们一个他的发现：

"卞先生喜欢吃炸马铃薯片。""为什么?""他喜欢听马铃薯片咬碎时发出的响声。"我听了一怔,心想:卞先生好寂寞。

这种强大的共情能力,从契诃夫身上来。他总说:"契诃夫成为我的研究对象,是我一生的幸运。如果没有契诃夫那少有的善良,他就写不出他后来的作品。"

童道明一生受契诃夫影响。1956年,他被公派到莫斯科大学上学。文学系三年级时,进入契诃夫戏剧班,写了一篇论文,《论契诃夫戏剧的现实主义象征》。毕业前老师嘱咐:"童,我希望你以后不要放弃对于契诃夫和戏剧的兴趣。"这句赠言像金子般珍贵,直接决定了他一生的追求。

在当时,契诃夫、文学、戏剧,都是脱离现实的梦。回国后,他很快遇到"文化大革命"。1970年初夏,他所在的社科院外国文学研究所,被集体下放到河南信阳的五七干校。离开北京前,他珍藏的所有文学书籍都被迫当废纸卖了。漫长的劳动岁月里,他就靠反复背诵莱蒙托夫的诗歌支撑自己。

翻译的欲望强烈得不可遏制时,他便称病,用检查身体的短暂三天,躲到招待所译完了剧本《工厂姑娘》。多年后他回忆那个晚上,"六年来,我头一次动笔翻译,头一次感受到了精神劳动的欢愉。我不知道那天怎么吃的饭,我只知道我坐在那张暗红色的桌子前,一直翻译到熄灯睡觉。躺在床上一时难以入眠,我很兴奋,也很痛苦,我想到一个道理:在'文化大革命'里当知识分子是很难的，但让一个已经是知识分子的人不再当知识分子，那可能更难。"

终于到了60岁，挣脱了所有社会角色的枷锁，他获得珍贵的自由，开始埋头写作。

他是出了名的温和派，说话不点破。他曾经向李立亨解释创作的缘起，是因为看到契诃夫讲过：人生最好的状态，就是保持内心的平静。而他的生活已经保持了一段时间的平静。他觉得现在可以把生命的顺序倒过来，开始创作了。

与他同辈的剧作家林克欢，理解他的选择。林先生在悼念文章里写："童道明、王育生和我这一代人，刚踏出校门不久，即遭遇十年磨难，经历不尽相同，却都是这场创深痛巨的灾难的受害者与盲目跟从的加害者……童先生晚年舍理论著述而近舞台实践，何尝不是想借艺术语言模糊的诗性，撞开历史无意识背后的一方象征空间，纾解外部与内部的多重压力，使精神得以自由呼吸。"

童道明的剧写老所长冯至，也写爱情，还有4部是为了致敬契诃夫。编剧史航读契诃夫，也读童道明。他认为他们相似，都是那么内向的、羞涩的、容易受感动的人。

童道明曾跟后辈、台湾剧作家李立亨讲起，契诃夫是个心很美的人。"因为他的小说跟剧本，即便说到许多人心的不堪，还有时代所堆叠出来的恶，里面所闪烁出来的光芒，永远都是美，都是善。"

李立亨至今记得，童道明讲到契诃夫剧本《樱桃园》的结尾"远方传来砍伐木头的声音"时，眼里有泪。"这个故事，他读过多少

遍，这个场景，他跟别人提到多少遍了。但是我相信，他每次说到
这里，一定一次次受到剧作家笔下灵魂受苦的震撼。"

契诃夫推崇弱化戏剧冲突，童道明的剧本也是同样的气质，从
没有剑拔弩张的气氛。李立亨说，"跟他本人的性格一样，平和温暖
而没有火气。想要在他的剧作里发现'戏剧性冲突'，最多也就是累
积到剧末的死亡和无尽的惆怅。"

他想表达的不过是：人可以有不同的选择，所有的选择都是缓
慢形成的；发生了很多事情，但是，仿佛什么事情也都没发生，只
不过，大家在经过这些事情之后，都变得不一样了。

最开始排戏，童道明就告诉导演张子一，电影没有留白，电影
也没有当众独白，但是戏剧有，戏剧可以当众独白，戏剧也可以有
留白。演员对着舞台，就可以直抒胸臆。

"童老师，这很土啊！"受现代戏剧影响的年轻人最开始受不了
这个，但后来张子一想明白了："后来我觉得，它必然是土的啊！它
就是不合时宜啊。童老师的浪漫是20世纪60年代的浪漫，它是往哪
儿放？它是没地方放的啊。"作为导演，也许她要做的就是保留这种
不合时宜。

刘海霞记得，他非常少有地给一部戏提过意见，是在《一双眼
睛两条河》里头，一对男女相遇了，但他们都各自有家庭，所以就
是在文学艺术里拥抱一会儿，最终还是要回到各自的生活里去。排
戏时，另一位导演不想像剧本安排的那样让他们拥抱，他觉得要维

持那样一个朦胧感。老爷子激动了，说一定要拥抱，"他们是人啊！他们是人啊！"

"我以为我能写三部，但是呢，我又写了五部"

生命的最后十年，童道明喜欢跟大家待在剧场里头。他总是慢慢地拖着步子，走到舞台中央，再慢慢地说出沙哑的、带着江苏口音的普通话。因为有强直性脊柱炎，他没办法低头，就一直直着脖子，看着天。"他很诗意，也很害羞，所以在讲很多话的时候，他是不愿意把话都讲全的。"

但人们都能感受到他的纯真。张子一说，他是一个很少被外界惊扰到的人。"所以他跟你交流的时候，你就会觉得他就是盯着你的，在跟你说话，外面的人就没了，世界也没了，他专注，是因为他比较纯粹。"

在他逝世后，张子一开始重新审视这位老朋友，才想明白了，他身上最感动人的是什么。"他不轻视和怠慢他生活里面的任何人和任何东西。比如他有一张烤鸭兑换券，就会兑换给剧场里的人吃，我们可能吃饭吃一半，烤鸭剩在桌上就扔了。但对他来说，他不随意地去轻视任何一件东西，不随意怠慢任何一个人，就是这是他那个时代的人给我的特别大的冲击。"

演员郭笑觉得，在20世纪60年代，童道明这种浪漫和诗意的性格，一定是不合时宜的。但他生命的最后十年，他这种不合时宜的浪漫得到了尊重和舒展。他是他们中间很自然的一分子，中秋节的时候，他可以和年轻人们一起吃月饼、喝红酒，聊契诃夫和陀思妥耶夫斯基。

到了这两年，他身体机能慢慢下降，走不了太远的路，去剧场的次数比以前少了。年轻朋友都忙，慢慢忘了他。他寂寞了，有自己的法子——就是出书。出了书，他就有理由挨个打电话，让他们去家里拿书。

他是敏感的，他家客厅挂着一个大钟，每回只要刘海霞抬头看钟，他就会说："时间不早了，今天就这样吧。"他怕耽误他们太久。

死亡这事儿，总是不经意就冒出头来。几年前，北师大的童庆炳教授去世。消息不知道怎么传错了，大家以为去世的是他。媒体的电话打到家里来，他接了，对方一阵错愕，连忙道歉。还有的觉得尴尬，什么都不说就挂了。好朋友王育生也听说了，电话打过来，哈哈大笑，"有人说你死了！"

有时候，他也会得意扬扬，觉得自己跑赢了时间。张子一的记忆里，他就是那样梗着脖子坐着，沉默一会儿，然后细细的声音开口："其实我不知道我还能写几部戏，我以为我能写三部，"他顿了顿，一双狡黠的眼睛，举起一只手隔着桌子晃了晃，"但是呢，我又写了五部。"

实际上不止五部——60岁至今，他一共写了14个剧本。今年春天，他完成了最后一个剧本《演员于是之》。

演员于是之，是北京人艺原第一副院长。在《龙须沟》《茶馆》《骆驼祥子》等话剧里塑造过不朽的角色。童道明写过许多文章纪念他，他觉得于是之是他认识的人里，最像契诃夫的。"我像爱俄罗斯作家契诃夫那样地深爱着于是之。我常对人说，于是之和契诃夫有几分相像的，他们两个人都是极其善良的人，而且他们的文学的、艺术的成就，都是与他们的善良天性分不开的。"

后辈刘戎，是这两年见童道明最多的人之一。他觉得童道明写《演员于是之》，是有话要说。他是在话剧演员素质衰落的当下，呼唤伟大的演员。也是在提醒戏剧界，不要忘记上一代大先生们留下的传统。

今年春天，童道明把这剧本给于是之夫人李曼宜看过，便联系了剧场和导演。他秘密策划了7月的首演，想等一切尘埃落定，再请李曼宜去看。而如今，话剧还未首演，先生先去了。蓬蒿剧场的工作人员在微信文章里写："两位先生，相会于天堂去论戏了。"

他一定是反复思考过死亡之事的。刘海霞想起去年秋天，最后一次与童道明见面时，他突然聊起死亡。他说自己读到一本关于俄国导演斯坦尼拉夫斯基的回忆录。书中讲到，斯坦尼拉夫斯基在弥留之际，一直在读莱蒙托夫的两句诗：

在大海的蓝色的湾里

一叶孤帆在闪着白光

他反复咀摸这两句诗，想知道导演为什么在那个瞬间要读它。后来他想明白了——这两句诗写出了生命逝去的时刻，那种孤独之美。导演与世界告别时是平静的，像一叶孤帆，要去远航。

女儿童宁说，父亲告别世界时也是平静的，他说，自己没有遗憾了。一叶孤帆，就此启程，远去了。

（感谢小茶为本文提供的采访支持）